会津雑学

〔II〕

歴史春秋社

刊行にあたって

会津は常に日本の歴史の中にありました。

その歴史には正史もあれば、裏史もあります。そして、会津には不思議なことが多々あります。

みなさんも自分の生活の中で、不思議だな、なぜだろうと周りのことに関心を持ってください。きっとそこには意外な真実があると思います。

みなさんとともに会津の「雑学」を発掘していきたいと思います。

二〇二一年　八月

歴史春秋社　阿部　隆一

目次

会津雑学

〔Ⅱ〕

池月映

西郷頼母の汚名返上論

松平容保は会津藩主松平容敬の養子になり、六歳上の西郷頼母は御小姓頭として仕えた。容保は美男子で、頼母は三尺達磨（百四十センチ）のあだ名があった。

藩主となった容保は京都守護職を受諾する。頼母は藩の命運、財政破綻、領民の生活困窮を危惧し、守護職拝命に強く反対した。

その後、西郷家支族の西郷勇左衛門は、先祖保科正興が罪人のままでは死にきれないと、容保に嘆願して正興の罪を許してもらった。頼母は容保に感謝しつつも、再度守護職の辞任を迫った。まもなく、西郷一族は日出谷の水沢に保科正興の位牌を安置して、新しい墓を建てた。

元藩士渋谷源蔵の『保科藩老戊辰戦略談一片聞書』に、白河口総督頼母が主張した戦術は採用されていない。奥羽越列藩同盟が結成されても、西軍の新式大砲・鉄砲に苦戦した。頼母の敗戦予想は的中し、臆病者、卑怯者の汚名を着せられた。

戊辰戦争後、日光東照宮は徳川家の支援がなくなった。新政府の要職にあった勝海舟は、日光の社寺の修繕・保存のために保晃会を結成した。日光には勝海舟が名付けた町名もある。明治二十五年（一八九二）、勝海舟揮毫の保晃会碑が建てられている。

西郷頼母研究家牧野登氏は、容保が日光東照宮宮司になった背景に、頼母が交流した勝海舟、補佐役小林三郎の影響があると述べている。勝海舟は徳川家を守るため、会津藩に冷たかったといわれながらも、陰ながら支援したという。

頼母は明治になって保科近悳に改名した。明治五年（一八七二）、静岡県伊豆での記念写真は髭を剃って脇差を差している。九月二十二日撮影して、会津落城の日を胸に刻んだ。

伊豆で謹申学舎塾長、都々古別

日光東照宮禰宜

神社宮司として『縁起備考』、日光東照宮禰宜として『晃山叢書・全十一巻』、霊山神社宮司として観光開発、福島師範学校の講義、『霊山百首』など、学者、歌人の業績を残した。

明治三十二年（一八九九）、勝海舟の死去後、保科は霊山神社宮司を辞職した。

保科の名言に、「中道をゆく者の難しさは、右から見れば左に見え、左から見れば右に見られる」とある。

西郷頼母と西郷四郎

小説『姿三四郎』のモデルといわれる柔道家西郷四郎は、西郷頼母の実子説がある。

四郎が生まれた志田家は、津川代官所に近い御用場役を務めた。家禄は代官と同じ程度である。日出谷水沢の保科正興の墓にも近く、家老西郷家と関係があった。

頼母は保科近悳に改名、日光東照宮の禰宜になった。一時、怒りを買った松平容保とは和解して、宮司代理を委任された。東照宮再建のため、旧会津藩士にも寄付を募った。しかし、新政府の監視下にあり、会津への出張は難しい。四郎の父貞次郎は死去、日光で祖父耕作と再会して、保科との養子縁組が決まった。

保科の戸籍は青森県伝法寺村、後妻伊与田きみの実家にある。同じ村に保科の異母弟立川安之進がいた。きみは慶応三年（一八六七）に遠山家に嫁いで娘を産んでいる。きみの四郎実母説は、一歳の四郎を手放して嫁いだことになるので、可能性は低い。

　三留やすは四郎と同郷で、保科が日出谷水沢の保科正興墓参の時、女中に召し抱えた。明治十年（一八七七）、やすは若松の滝沢に世帯主として住んだ。すでに夫は死去していたと思われる。

　明治二十年（一八八七）、保科が若松に戻ると、国会議員選挙の準備もあり、やすは身のまわりの世話をした。

　明治二十二年（一八八九）、保科が霊山神社宮司になると、やすは側女になり、四郎との手紙の交流があった。明治二十五年（一八九二）、やすは四十八歳で病死、保科は落胆して「わが後を任せしことは忘れてか　黄泉路を何にひとりゆくらん」を詠んだ。霊山寺に「士族三留安」の墓がある。西郷頼母研究家の中には、墓は四郎が建てたのではないか、四郎はやすの実子ではないかという説がある。

士族三留安の墓

しかし、保科が若松の善龍寺に納めた戒名は、墓石に刻まれていない。保科が墓を建てた可能性は低い。保科と交流のあった霊山の関係者が建てた可能性もある。保科の身内への手紙は、四郎は実子ではないこと示唆している。志田家の子孫に四郎とそっくりな人物がいて、頼母の実子説は謎のままである。

伊与田きみの改名

武官物頭の伊与田図書（四百石）は、京都守護職の松平容保に従った。容保の剣術指南役代理を務めたともいわれる。妻が病死して若松に帰ると、美人の娘尚《なお》を供にして、長原村栖雲亭に謹慎中の西郷頼母を訪ね、容保に頼母の様子を報告した。

慶応三年（一八六七）、尚はきみに改名、遠山主殿に嫁いで娘を産んだ。翌年、夫と舅の伊右衛門は白河口、実父も一ノ堰で戦死、きみは父母のいない実家にもどった。

明治二年（一八六九）、きみは頼母と再婚した説もあるが、明治三年（一八七〇）、二歳の娘を養女に出して、未成年の弟直江と武四郎、妹世《せい》とともに斗南に移住した。三年後に住居が自由になり、若松の娘を引き取ろうとしたが、合意は得られなかっ

伊豆のきみ

た。

　伊豆で頼母の世話をした頼母の妹美遠子が写真家と結婚した。出席者に妹八代子と夫の井深宅右衛門がいても、きみの名前はない。きみの若い写真は短髪、男装の着物、斗南から来たばかりに見える。きみは妹美遠子、八代子の勧めで頼母の後妻になった。

保科近悳ときみ

　その後、きみは頼母とともに棚倉の都々古別神社、日光東照宮に住んだ。
　明治十七年（一八八四）、講道館柔道の志田四郎が頼母の養子になった。きみは娘を頼母の養女にできると期待したが、娘は他家に嫁いでしまった。きみは会津に帰らず、このまま日光で暮らしたいと願った。
　ところが、頼母は元藩士の窮状を憂い、会津へ帰ると、国会議員選挙の準備にはいった。きみは頼母

テルの墓

の選挙もあるが、自害した前妻千重子は藩士の妻の鏡といわれている。きみと千重子は親しい間柄で、会津で後妻を名乗ることに抵抗を感じた。明治二十三年（一八九〇）、きみは宇都宮に住むことを決めて頼母と離婚した。

明治二十六年（一八九三）、きみは頼母と親しい元藩士河原田治部の勧めで、南会津伊南村の神官大宅正則と結婚した。大宅本家は千両分限の豪商で知られ、後に夫は村長になった。きみは隣家の妻と同名のため、四十六歳でテルに改名した。日光で暮らしたことを誇りに思い、「照《テル》」の名前にしたのだろうといわれた。ここが安住の地になった。

やがて、テルは長い間の念願が叶い、四十年ぶりに娘と孫に逢える日が訪れ、溢れる想いに熱く強く抱きしめた。

会津発祥の大東流

大東流合気柔術中興の祖といわれる武田惣角は、幕末の万延元年（一八六〇）、会津坂下町御池田に職業力士の次男として生まれた。

明治三十一年（一八九八）、霊山神社宮司保科近悳に、大東流の名称、歴史、甲斐武田家の系譜、会津藩御式内《おしきうち》の秘術を伝授されたという。しかし、保科が武田に秘術を授けたとされる霊山寺の修験道場は、江戸時代以降存在しない。保科が与えた和歌「しるや人　川の流れを打いとて　水に跡ある物なら那久耳《なくに》」は、保科が好んだ鴨長明の『方丈記』から引用し、仏教、人

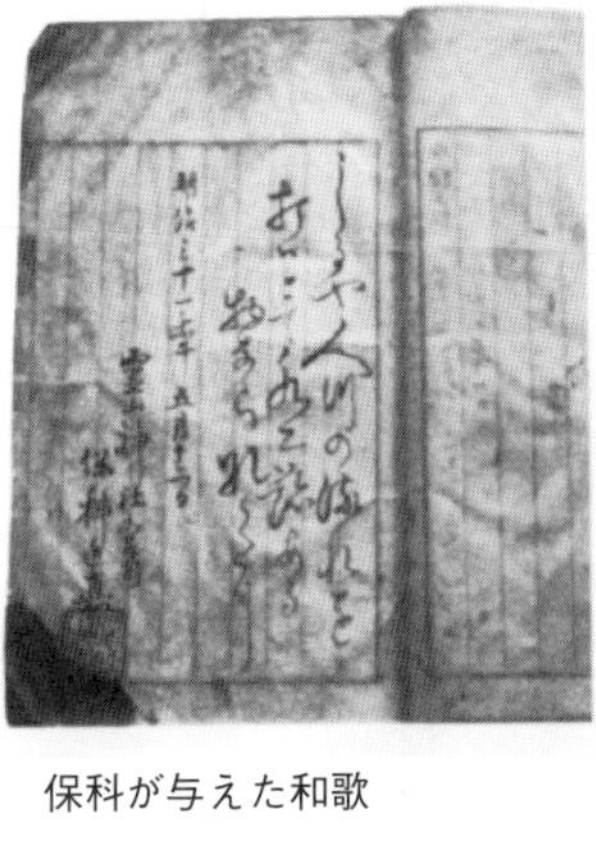

保科が与えた和歌

武田惣角

生の無常観を詠んだ。

その後、武田は西郷隆盛の弟西郷従道内務大臣に認められ、仙台の陸軍第二師団の武道教授になった。東北全県の警察署を指導して名声を高めた。五十歳で北海道に渡り、合気柔術を世に初めて紹介したといわれる。

武田惣角ゆかりの碑（遠軽町）

武田は陸海軍将校、警察官、検事、裁判官など三万人余の「英名録」「謝礼録」、精妙な二八八四の技、門人に与えた伝書目録を残し、これらは古今東西に例がない偉業といわれる。合気は日本が到達した究極の武術といわれ、武田は生涯無敗、日本武術史上最強の一人の評価もある。

津本陽の『鬼の冠』、今野敏の『惣角流浪』、夢枕獏の『東天の獅子』が有名である。だが、前半生の関係者は解明されていない。故郷会津を調査した日本武道学会の研究・論文、武田の伝記も見当たらない。

戦後二年間、宗家を継承した佐川幸義は、保科近悳の写真の容姿を見て、「武術を長年鍛錬したとは思えない。合気は惣角先生がつくったのではないか」と語った。大東流は武田の先祖、甲斐武田家発祥といわれる。生家に先祖の過去帳は残されていない。官民格差の時代、武田は武術家になっても農民の身分で、軍隊・警察に教えることは難しい。自宅火災による借金返済にも苦労した。

大東流創始者の証拠は、村内の墓石・墓誌、幕末は竹田姓、明治戸籍で初めて武田姓、身分は「農」、武術を教えた隣の会津藩士、柳津圓藏寺の小野派一刀流門徒奉納額（竹田宗角）などが判明した。

人物事典、百科事典、日本武道館の著書などは、大東流創始者に訂正すべきである。地元では大東流発祥の記念碑建立、武田の映像化作品を期待している。

武田惣角一代記

昭和四年（一九二九）、海軍大将竹下勇は実話雑誌に「武田惣角武勇伝」を発表して、武田は全国的に有名になった。現在、雑誌は『竹下勇遺稿集』にもなく、全文は公開されていない。

昭和五十六年（一九八一）、大東流合気柔術は記録映画『日本の古武道』（日本武道館）に紹介された。インターネットのユーチューブ動画で見ることができる。平成二十二年（二〇一〇）、武田の三男武田時宗による「武田惣角一代記」が、『月刊秘伝』に掲載された。

父惣吉は鳥羽伏見の大砲運搬の力手組長、戊辰戦争

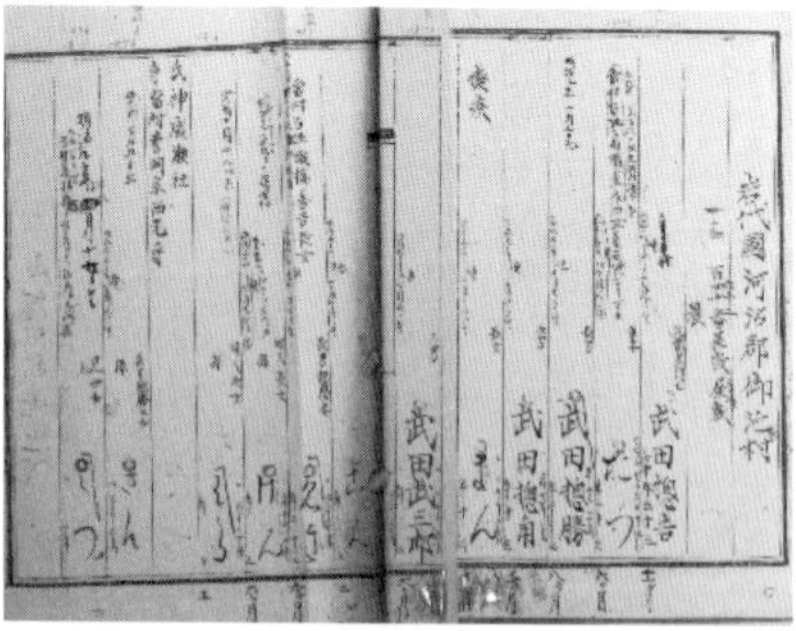

武田家明治戸籍（控）

武道誌『秘伝』

の力士隊長で活躍した。母は慶応三年（一八六七）に病死。武田は男女双子兄妹で盲目の妹を世話し、唄とまりつきを教え、武術家の才能が磨かれた。

戊辰戦争時、ひとり留守番の惣角は若松に戦争見学に行った。娘子が射殺されたところを見たとあり、自宅の隣に一ケ月滞在した中野竹子・優子の可能性がある。自宅で西軍にアヒルを奪われ、隊長に抗議して一分銀をもらった。

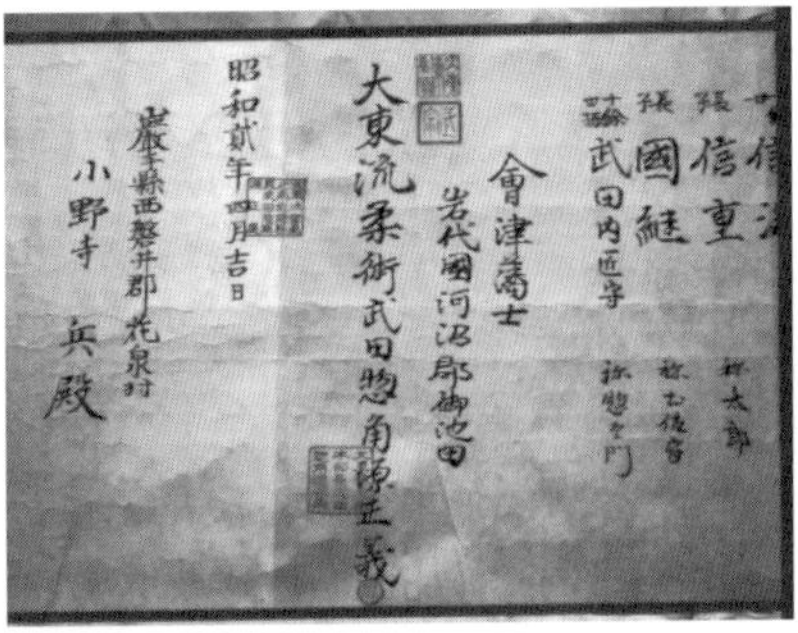

大東流柔術目録

明治五年（一八七二）、曲馬団の芸を見た。馬に乗って曲馬の稽古をして落馬、気絶してアバラ骨を折り、家に運ばれた。

明治六年（一八七三）、武田は東京車坂、直心影流榊原健吉道場の内弟子になった。地獄道場といわれ、昼夜の激しい稽古で血の小便がでた。

明治九年（一八七六）、兄は病死、その後日光の保科近悳を訪ね、殿中の太刀の技を教えられた。柔術は後から教えられたとある。

身近に戊辰戦争で戦った藩士、居合の名人がいたとあるが、名前の記述はない。武田は神通力法として、真言密教、修験道の占い、民間療法、九字護身法、気合術、合気術、呪術の足止め術などを修行した。保科近悳が教えた記述はない。「武田惣角一代記」は惣角晩年の証言で貴重な内容がある。武田家は農民であるが、藩士・神官の家柄を示唆する内容が見られる。妻や友人の記述はなく、創作したと思える部分もある。しかし、別途の原文を見ると、武田は息子に遺言、会津の関係者、武術の秘伝を語った。さらに、実際に武術と合気を教えられた人物のヒントを残した。

会津藩御式内

御式内は会津藩御留流《おとめりゅう》の武術で、殿中の作法も兼ねていたという。大東流合気柔術の伝承に語られているだけで、文献には確認されていない。また、大東流、合気道のルーツは、古神道、陰陽道の御式神内《こしきうち》の説もある。

会津藩職制を見ると、最上級の御敷居内《おしきいうち》に家老・若年寄・番頭・奉行などがある。御小姓頭・御厩別当・御供番頭は同じ職場で、西郷頼母は十四歳で御小姓頭になった。慶応年間藩士名簿には、御小姓見習が二十名いた。

藩主護衛役の御供番は、武芸に秀でた者が選ばれ、御戸番・平番の六十名がいた。藩主をあらゆる攻撃から守るため、武芸十八般を会得した。御式内は御敷居内から引用した名称で、御供番が御小姓見習、奥女中に教えたことになる。

城中で帯刀は禁止され、当て身・抑え技・投げ技の柔術（護身術）があった。剣術の動作と理合を柔術に応用し、一本捕・四方投げなどの技がある。

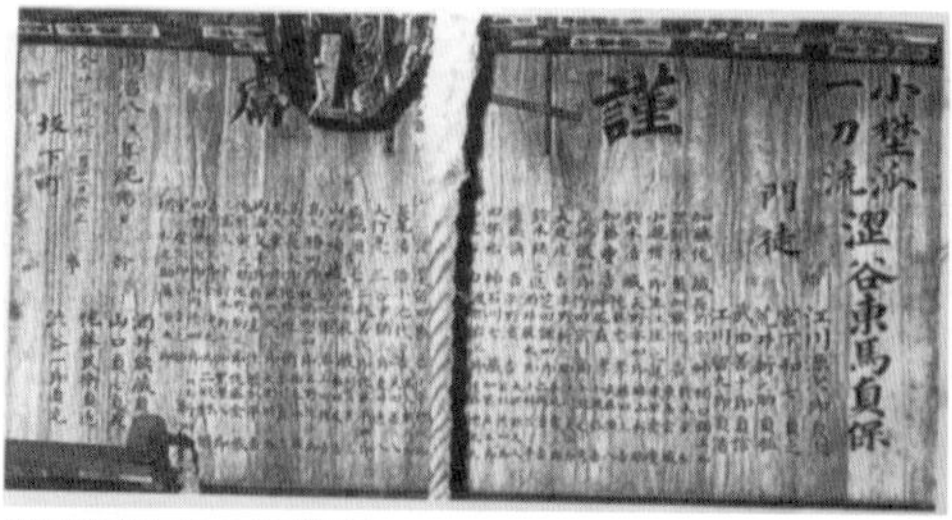

柳津圓藏寺の奉納額

士族佐藤忠孝

戊辰戦争後、武田惣角生家の同居人、隣の貸家に住んだ佐藤金右衛門は御供番と判明した。「武田惣角一代記」の居合の名人は佐藤金右衛門である。

金右衛門は武田に竹刀のつくり方、真剣の手入れ、刀柄の紐の巻き方、武者修行の心得を教えた。剣術・槍術・手裏剣術・居合・鉄扇術・杖術・御式内の柔術など、武芸十八般も教えた。

佐藤家の自伝に、金右衛門と息子健四郎は御供番とある。健四郎は今市で戦死した。健四郎の妻の実家は黒河内権助で、惣角父の後妻タツの妹である。その娘コンは武田の妻になり、助手として合気柔術を指導した証言がある。

武田の息子時宗の記録に、武田の妻、金右衛門の孫忠孝、忠孝の娘ノブがある。忠孝、ノブは近村の小学校教師になった。忠孝は惣角の稽古相手になり、読み書きも教えた。

明治八年（一八七五）、柳津圓藏寺に小野派一刀流渋谷東馬門徒の奉納額が掲げられた。旧姓の竹田宗角、隣の佐藤忠孝、師範代武田善十郎、村内友人の菊地軍治、剣術仲間が判明した。

空前のヒットになったアニメ『鬼滅の刃』に、武田の四方投げが採用された。

合気の意味とは

国語辞典に合気道（源流は大東流）はあっても、合気の由来の説明はない。剣道事典の合気は、文献に相手と同じ対々の気になり、相気を外せ、避けるべき注意点といわれる。大東流、合気道は積極的に合気の技を掛けるという違いがある。

大正二年（一九一三）、武田惣角の門人佐川子之吉のノートに、武田が教えた「アイキ」の技がある。

大正十一年（一九二二）、神道系の出口王仁三郎が、合気道開祖植芝盛平に教えた合気の意味（由来）は、双方の史料にないという。植芝は森羅万象との調和、精神理念として宇宙合一、愛を語った。同年、植芝は師武田に合気を進言して、その後、武田は大東流から大東流合気柔術に改称した証言がある。

「武田惣角一代記」に、気合と合気は分けて教え、理論的な気合ノ術・合気ノ術、実技の気合の法・合気法があると伝えている。合気の極意「音無きに聞き姿無きに

殺活自在気合術

合気之術

見る」は、高名な修験道研究家の見解で、修験の鍛錬と判明した。

明治以降、気合術・合気術六十五文献があっても、理論的な解説が中心で、修験道口伝の掟もあり、実技の解説は少ない。販売目的のため、歴史上の有名人を引用した事例が多い。気合を念力と表現した著書もある。気合術は医学の民間療法、修験道、武術家にもみられる。これらの文献を研究した武術家は見当たらない。

明治二十五年（一八九二）、『合気之術』（無骨居士）は、先手を取る読心術、掛け声の気合の法から会得できると説く。その後、二十刷重版、著者近藤嘉三（元宮内省勤務）が判明した。武田の合気の極意「一見して相手を制す」（人身透視）、気合ノ術・

合気ノ術と合致した。『合気道教室』に、武田の技術と同じという記述がある。

明治四十四年（一九一一）、『殺活自在気合術』（熊代彦太郎・元教師）に、気合は有心気合・動的・顕熱、合気は無心気合・静的・潜熱とあり、武田の気合ノ術・合気ノ術と合致した。武田の実技鍛錬法である気合の法は、上段右足から打ち込みヤア、合気法はヨーガ・チャクラ（真言密教）の呼吸法、ウンの呪文がある。

したがって、大東流の合気の意味は民間療法、修験道の気合術の気合・合気から引用した。学会の医学関係者なら容易に理解できる。「武田惣角一代記」は理論と実技の説明がある初の文献で、歴史的資料の価値が高い。

合気を教えた易者万之丞説

武田惣角の武術秘伝十九項目の第一は気合の事とある。実例として、気合術の浜口熊嶽は、武田と同じ真言密教・修験道・九字護身法を修験の実川に修行した。無痛抜歯、寝たきりの病人を歩かせ、三重県の三傑といわれた。

明治十五年（一八八二）、武田は福島で道路工事人と格闘して瀕死の重傷を負った。三年後、隣の佐藤コンと結婚して子供が生まれた。武田は怪我の後遺症に苦しんだが、幸いにも修行したとされる民間療法、占い、真言密教、修験道、九字護身法の略法早九字、気合術の気合・合気、呪術の念力で相手を思い通りに動かす足止め術を、会津ですべて教えられる人物がいた。

隣の『塩川町人物略伝』（佐藤一男）に、民間療法と呪術の大家、真言密教、宿

中川万之丞

遺品（宿曜道・南京絵皿）

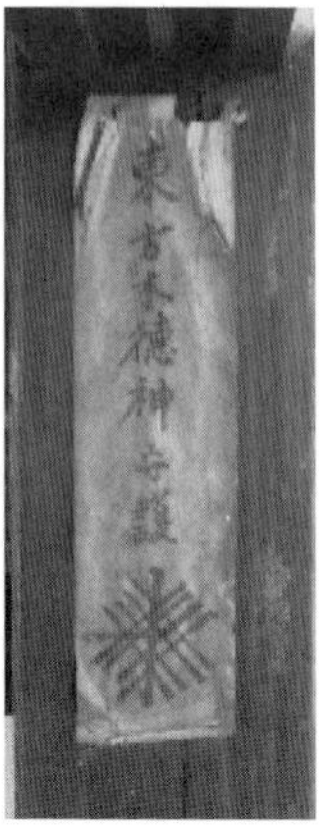
呪符（早九字）

曜道、修験道、足止め術、神習教、宮内省岩瀬御料地補少教監、農民の易者中川万之丞が紹介されている。

幕末、会津藩から名人呼称の万之丞、大奥から南京絵皿、鶴ヶ城築城三百年祭の松平容保の祝歌掛け軸を贈られた。明治末期まで、人々に民間療法と占いを無料奉仕した聖人である。武田と万之丞は農民で、修験道口伝の掟を守り自筆文献を残さなかった。万之丞は武田の後遺症を治療、才能を見抜いて技術を教えたと推察される。万之丞の本名の惣三郎は、武田の息子時宗の幼名と同じである。

逸話として、武田は初対面の道場で、稽古着の警察署長から巡査まで階級順に並べた。万之丞も初対面の客の顔を見ただけで、何の用向きかを察したという。

また、武田は早九字の格子文様・五芒星・梵字を修行したという。万之丞は祈祷師でもあり、信者に与えた呪符「東方木徳神守護」は会津で唯一、早九字の格子文様の花押がある。『魔除け百科』に早九字呪符は祈祷師の一例だけしかなく、万之丞が武田に教えた可能性が高い。なお、花押は九字を極めた超能力者を示唆している。

大東流の三大口伝に、民間療法の痛点・急所を押える鷹の爪「つかみ手」がある。最初に教える朝顔《あさがお》「合気上げ」は、相手に手首を押さえられた状態で、五指を広げ腕力を遣わずに相手の腕を上げる。気の力を利用して、武術経験がない万之丞でも教えられる。三つ目の野中之幕は、常に万全の備えを怠らぬ心法である。

高弟佐川幸義は「武田大先生の記録」に、武田のそろばん占いを見たとある。占いを二十年研究し、合気の原理は占いと同じ森羅万象との調和であると説いた。武田に教えた易者万之丞説は、佐川の評伝を書いた作家の故津本陽、武術家の賛同を得た。

笹川壽夫

会津の塗師、鵜川清一の想い出

会津の名人と言われていた最後の〈丸物塗下地塗師〉の職人、鵜川清一さんのことを話しておきたい。鵜川さんこそ会津の最後の塗師であった。彼ほど塗師の仕事が好きで好きで、全身を「塗り」に捧げた者はいない。

鵜川さんは小学校を出ると、すぐ親戚の高瀬さんのところでその腕を買われて塗師の基礎を叩きこまれた。この頃から既に下地塗の技術者としての片鱗を現していた。彼と他の者との違いは、塗師の仕事に対する姿勢と情熱にある。そして、彼ほど会津塗を語ることに喜々とした者はいなかった。

だから、彼が会津塗の実演をすると、多くの人たちが彼の周りに集まってくる。人に教えたり説明することが大好きで、会津下地塗の啓蒙のためには、どこへでも行って実演と説明を繰り返す。彼の情熱的な話を聞いた人たちからは、多くの礼状が寄せられていた。

彼の手は、右手の指の方が太くなっている。彼はいつも「この右の手が太くなっているのがわかるかな、これが私の八十年間塗師として生きてきた証拠なのですヨ」と言う。上半身を右に三十度ほど傾けてヘラを持ち、右の人差し指に力を込めて塗るポーズは何とも言えない。

会津塗りのできるまで

会津塗作業工程

1	荒型（あらがた）	お椀の形に削り、煙で１週間位乾燥させる。
2	木地（きじ）	この工程にくるまでに３～４ヶ月かかる。
3	木固め（きがため）	丈夫にするために漆をお椀に染み込ませる。
4	布張り（ぬのばり）	お椀の壊れを防ぐために布を張る。
5	地ノ粉（じのこ）1回目	
6	地ノ粉（じのこ）2回目	丈夫にするための作業。
7	地ノ粉（じのこ）3回目	
8	地ノ粉（じのこ）	地ノ粉を研ぐ　目をなくす。
9	布下錆（ぬのしたさび）	布下錆を研ぐ。
10	裏腰平（うらこしたいら）／裏腰（うらこし）	内側を錆で高くする。錆付けする。
11	外腰（そとこし）	内側の高くなった所に側から被せる。
12	内端（うちはし）	内の方を錆で高くする。
13	外端（そとはし）	高くした所を錆でか被せる。
14	腰掛（こしかけ）／外（そと）	外腰と裏腰に砥石をかける。⇒錆を外につける。 ※以前は外腰と外を２回に分けていたが時間短縮のため１度にやっている。
15	際（きわ）	細くするため技術を要する。
16	身入れ（みいれ）	お椀の中心に厚く広く錆をつける。
17	内脇（うちわき）	端錆の下に付ける。
18	内下脇（うちしたわき）	身入れと内脇の間に付ける。
19	化粧錆（けしょうさび）	凹凸を取るため、薄く錆付けをする。
20	仕上げ（しあげ）	さらに凹凸を無くすため、砥石で研ぐ。
21	下塗り（したぬり）	節もぎ⇒錆付け。
22	下塗り研摩（したぬりけんま）	見直し。
23	中塗り（なかぬり）	見直し。
24	中塗り研摩（なかぬりけんま）	きづいり。
25	仕上げ塗り（しあげぬり）	きづいり、つばめ塗り。

下塗の工程

① 椀の壊れを防ぐため、布を張ることもある。
② 地の粉、錆漆を作る。
③ 地の粉を砥ぎ布の境目をなくす。
④ 内側を錆で高く塗る。→錆付け
⑤ 椀の中心に厚く広く錆を塗る。
⑥ 凸凹を取るため、薄く錆付けをする。
⑦ 凸凹を亡くすため、砥石で研ぐ。
⑧ 下塗りをして見直す。
⑨ キズ入り、ツバメ塗り。

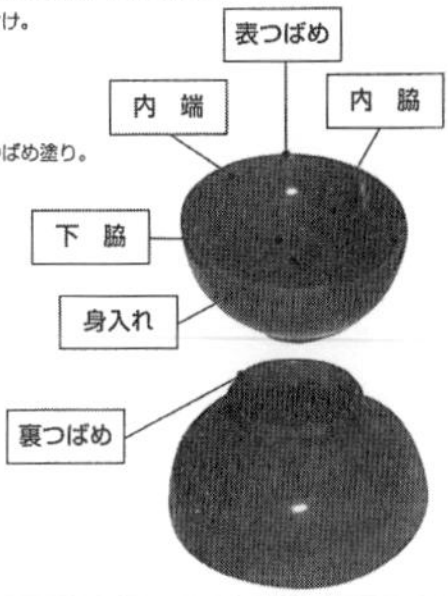

漆芸の美を創る縁の下の力持ちとして、表面には決して現れない、会津塗の最後の名人塗師と言われた鵜川清一さんも残念ながらこの世にはもういない。

なお、彼の話をまとめた「会津塗りのできるまで」を上にあげておく。

伊佐須美神社「御田植祭」

平安時代までは稲作は、会津では直蒔きだった。九世紀頃から今のように苗を田に移植するようになった。それは画期的なことで、収穫量も飛躍的にあがった。だから、日本列島の北限の稲作として稲を育てて田に移植した会津の役割は大きかった。田植えによって生産力を向上させた高田の里人は、秋の豊作を祝って神に感謝する祝いの御祭（予祝）が田植えの終った頃に行われるようになった。会津地方では今でも七月十二日に行われている「御田植祭」には古い仕来りを残している。

祭の当日。朝早く神職と氏子らが「古御田」の社の前でまず祈願祭を行う。十時ころから、御田植の行事としては他にない「獅子追い」の行事が始まる。町の児童たち約千人ほどが集まって、その童たちが、獅子頭、馬頭、牛頭、鹿頭を先頭にして、「ワッショイワッショイ」と大声をあげながら、まず本社を左に三回廻り、町内に出る。そして、主な家の中をかけ廻る。このような「獅子追い」という会津にしかない珍しい行事が行われる。そして二キロほど離れた御田神社まで駆け巡り、最後にこの社殿でも左に三回廻って御田神社を踏みならして耕す所作をする。

午後には午前の荒々しい「獅子追い」とは逆に、御輿を主に、翁の面を被った者を先頭に、田植人形、早乙女の踊り子（男性）等の行列が御田神社まで続く。その間、楽人は催馬楽を御田神社に到着するまで歌い続ける。

行列の全員が到着すると祝詞奏上の後、神職より早乙女に笛を渡され、神田（御正作田）に入って催馬楽の唄いとともに植えていく。それが終ると、佐布川青年団による早乙女に服した踊りや、稚児による踊りなどが行われる。終ると本社に帰ってくるが、田植人形と楽人は三回社殿を廻り、御輿を拝殿に置いて、御神体をお返しする儀式で祭は終了する。

田植人形は「デコ人形」と言い、現在九体ある。白翁、黒翁、白ひょっとこと、早乙女六体が残っている。「獅子追い」の先頭を飾る仮面は、作りは頭で、親獅子、白獅子、葦毛駒、赤馬、鹿、白馬、先牛、後牛の八頭あり、この頭にはそれぞれ長い紅白の綱がつけてある。それに童子は全員つかまって行くのである。

屋敷の人形芝居

西会津町の鬼光頭川《きこうづ》に沿って行くと、屋敷の集落がある。ここには昭和三十年代まで伝えられていた人形芝居があった。屋敷の人形芝居は、秋田の猿倉人形芝居の流れをくむ、一人遣いの人形芝居であった。

衣裳に手を入れ片手で扱う。親指と小指に人形の腕をつける。人形の首の串は人差し指と中指の第一関節と第二関節の間で持つのだ。舞台は一mほどの幕を使う。人形遣いは幕の裏に体を隠して立膝の姿勢で行う。そして、両手に二つの人形を持って操る。

このような人形芝居を屋敷の地に伝えたのは、明治二十五年（一八九二）生まれの藤原勇さんだった。勇さんは秋田迄行って一座に入り、巡業に加わっていた。その後、屋敷に帰って息子の清鬼さんら数人と共に、人形芝居一座の座長として各地を興行して歩いた。

この人形芝居は農閑期に行われ、十一月から翌年の四月迄と、田植後から九月上旬迄興行をぶって歩いた。その後、世の中の変遷により巡業をやめてしまった。息子の清鬼さんは昭和七年（一九三二）生まれで、一緒について歩いていた。お宅には、その時、使っていた人形の頭や腕、着物、傘や烏帽子等の古道具類がトランクや行李にぎっしり保管されていた。

人形の頭は三十個ほどあったが、すべて人形遣いの手で造られていた。勇さんの師匠の若丸さんからは「自分で人形を作れないうちは一人前の親方にはなれない」と言われていたという。また、着物は自分で作ったものもあるし、顔はそれぞれの演目に関係して様々な表情で造られていた。

しかし、戦後しばらくたつと、様々な娯楽が村々にも普及してくる。人形芝居もだんだん下火になってくる。そして、屋敷の人形芝居も後継者が不足するようになる。昭和三十年代後半には、勇さんもついにやらなくなってしまった。

その後、息子の清鬼さんは、齋藤弘さんと組んで、農閑期に会津万歳を各地で演じていた。しかし、そんな会津万歳も今では演ずる者が居なくなった。しかし、湖南町安佐野地区では「会津万歳保存会」が昭和四十九年（一九七四）にでき、細々とその保存に取り組んでいるようだ。

そんな清鬼さんも十年ほど前に亡くなった。完全に屋敷の人形芝居や、会津万歳の後を継ぐ者が居なくなったのは残念だ。ただ、西会津町の藤原清鬼さんのお宅には、貴重な人形芝居の道具類が残っている。早晩その人形姿も朽ち果ててしまうかと思うと痛恨の極みである。

屋敷の人形芝居（藤原清鬼師）

会津の仏像のこと

会津の仏像に親しんではや六十年ほどになる。その中でも何度も何度も訪れて、親しくしたみ仏との触れ合いは、いつまでも心に残る。そんなみ仏を挙げてみた。会津は、観音と薬師の素晴らしいのが残されているところである。

湯川村勝常、会津坂下町宇内、喜多方市関柴には、勝れた薬師如来坐像が鎮座まします。いずれも国宝や国の重文に指定されている会津の誇る仏像である。この中でも、宇内の薬師は像高が一八二センチと最も高い。また、関柴・中善寺の薬師の横顔の微笑みには、しびれる一時を感じる。

特に、み仏との対面は、何といってもその拝む角度によって親しみの度合いが増してくるようだ。なかでも関柴のお薬師様と、田島の薬師寺の阿弥陀如来像を右斜め横から接すると、しびれるような一時を感じる。真正面から見ても感じられない微笑みと温かさを感じる一時である。

勝常寺の国重文の中でもっとも私の気を引いた仏像は「木造地蔵菩薩立像」である。かつて水不足の時、雨乞いの行事がどこでも行われていた。その時に、この「雨降り地蔵」は有難い存在だった。

寺の境内で太鼓を鳴らし、池に地蔵を浸し泥を塗ったりして雨降りの行事が大正期迄続けられていた。この供養によってお地蔵様の体が摩滅して生地が見えるほどになった。しかし、村人にとっては長年慈悲を施してきたお地蔵様のお姿は金箔を塗りこめたきらびやかな仏像よりはるかに有難かったのである。

このような素朴なみ仏は、会津美里町の三日町にある「経巻聖徳太子七歳立像」のお姿にも何となく温かみが感じられる。他に会津坂下町の塔寺にある「木造二十八部衆」は一つとして同じような顔、姿をしていない。興味ある大きな二十八部衆は見事な仏像群である。

「会津の仏像めぐり」十五選（◎…ことわれば観覧可　○…無住　×…観覧不可）

◆薬師如来

◎　木造薬師如来及両脇侍像　　湯川村勝常　　勝常寺（国宝）

◎　木造薬師如来坐像　会津坂下町宇内　浄泉寺（国重文）

○　木造薬師如来坐像　喜多方市関柴　中善寺（国重文）

◆阿弥陀如来　観音菩薩

◎　木造阿弥陀如来及両脇侍坐像　喜多方市上三宮　願成寺（国重文）

◎　銅造阿弥陀如来及両脇侍立像　会津美里町高田　法幢寺（国重文）

◎　木造千手観音立像　会津坂下町塔寺　恵隆寺（国重文）

◎　銅造十一面観音及脇侍不動明王・地蔵菩薩立像
会津美里町半田　弘安寺（国重文）

◆地蔵菩薩

◎　木造地蔵菩薩立像（延命）　湯川村勝常　勝常寺（国重文）

◎　木造地蔵菩薩立像（雨降）　湯川村勝常　勝常寺（国重文）

×　木造地蔵菩薩坐像　西会津町松尾　真福寺（県重文）

◆その他の仏像

◎　木造文殊菩薩立像　喜多方市新宮　熊野神社（県重文）

◎木造如意輪観音坐像　喜多方市塩川　観音寺（県重文）

◎木造金剛力士立像　会津美里町雀林　法用寺（国重文）

◎木造聖徳太子立像　会津美里町本郷　常勝寺（県重文）

◎木造二十八部衆立像　風神・雷神　会津坂下町塔寺　惠隆寺（県重文）

澤田名垂の『あなをかし』異聞

『あなをかし』は江戸後期の三大奇書の一つである。維新前は写本によって流布されていたが、戊辰戦争によって、自筆原稿を始め会津では写本もほとんど現存していなかった。大正時代になって二種の活字本が出た。その一つは会津図書館本、もう一つは澤田本と称せられるものである（『秘籍江戸文学選』所収「阿奈遠加之」の岡田甫の解題による）。

その流布の一端が、齋藤和節の『耳目集』第一三六に記載されている。これを見ると、明治六年（一八七三）に、彼の和歌の師であった白河の萩園千浪から『阿奈遠加之』の書を読んでみたいとの話があった。その後、元幕臣の三田葆光《かねみつ》から「あなをかしというあやしきふみを得た。作者がどんな人物か教えてくれ」と千浪に尋ねられたという。このことを聞いた和節は早速借り受けようと、三田葆光の所に駆けつけた。このことによって、『阿奈遠加之』が世に出る一端が記録されたのである。

このこととは別に、『阿奈遠加之』が世に出る一端が澤田名垂の曽孫、澤田薫によって大正期に刊本として出たことは、周知のことである。他には、齋藤和節自身が携わった、明治六年の写本行為以外には、管見できないのである。勿論、維新以後にも多くの写本が出回わっていたことは、この書の節々にも伺われるが、このようなはっきりした伝播行動が記されている書は他には見あたらない。

したがって、三田葆光が持参していた『阿奈遠加之』が文人に伝わった一つのいきさつの貴重な記録が和節の手で残されていたのである。なお、この書を保持していた三田葆光は、その当時、太政官の官員で維新前には七、八千石とりの元旗本だった。その者から借り受け書写し、数人に与えていたことを、齋藤和節は書き残しているのである。書写した和節は「春書に絵のなきごとき」ものとして、作者の名や書写した名をば書きとどめなかったという。硬派の和節にとって、師の名垂の書を残したかった反面、艶書としての名を残したくはなかったのだろう。

冨田國衛

木引き男の災難

戊辰戦争のとき、会津藩は藩士のうち六十歳以上のものは「参戦に及ばず」と、それぞれの行動を自由とした。ここに、ある老藩士の避難宿を引き受けた男の物語がある。

話は、耶麻郡熱塩の山入りに住む木引き業を渡世とする物見高い男が、戦争を見物しようとして小荒井村（現喜多方市）に行き、会津の間者（スパイ）に間違われて命を落とす寸前で助かった話。男のたくみな話術をおそらく聞き書きしたもので、原本は喜多方市立図書館に蔵されていた。以下はそのあらましである。なお、著者は不明である。

八月二十三日、西軍が若松城下へ侵入し、町家や武家の老幼婦女子たちは縁を頼って在郷に避難した。ある武家の家族四、五人が、木引き男の家にやっかいになった。九月の十日ころ、この武家がもう二十日も魚を食べていないので、小荒井村からニシンか塩引きを買って来てくれないかと男に頼んだ。

男は、隣り村で聞いた風説によれば、西軍は山三郷木曽辺より藤沢を越え、宮在家より小荒井村へ繰り込んだもようで、小荒井村へは行かれまい、と言った。しかし武家の難儀を見て、松野村（現喜多方市）へ行けばニシンぐらいはあるだろうと、翌朝早く家を出た。

道を急いで南の方を眺めれば、所々より火の手が上がり、大砲小砲の音がかすかに聞こえて恐ろしくなった。

「さてもさてもこの度の戦は御国（会津）に勝たせたいものだ」と、男は道々思い、そのうちに好奇心がわきだして恐さも忘れた。

「山中にばかり居り候えば、世間の話も聞けず、ただ猪むじな猿や鹿などの吠ゆる声ばかり聞き、また戦というは草紙や錦絵にて見たばかり、今聞くは小荒井は合戦最中の話、いずれ戦を見ておいて後の話にいたさん」と、松野村に向かっていた道を左にまげて小荒井村の方へ進んだ。

ほどなく小荒井村寺町のあたりに来たところ、鉄砲をかついだ五、六十人が繰り出すのが見え、あわてて家の間へ入って裏道より田のくれ（畦）へ出、逃げるともなく足早に行き過ぎようとした。が、運悪く見付けられて三、四人が追いかけて来た。後ろをちらりと見れば、抜き身を引っさげて追って来る。これはたまらぬと一生懸命に逃げたが、その先にも鉄砲を持った四、五人がいて万事休す。額を地に付け「恐れ入り命を御助け下され」と哀願するが、襟髪をつかまれて小荒井村中町まで引き立てられ、ある小見世の柱にしばり付けられた。五十人ほどの兵が囲む中で、抜き身の刀を胸や首元に突き付けられ、兵たちは「首を切れ、突き通せ、試し切りに致せ」と勝手なことを言った。

「そのときは生きたる心地は少しもなく、目を閉じ死人の様に思えおり候」

それから尋問が始まった。

「さて、その方は賊徒の間者に相違あるまい、次第を申せ」

「間者などと申すは何の事やら相わからず、わたしはこれより三里ばかり山入りの村の木引きに御座候。大木を引き割りする木引きと申す者に相違御座りませぬ」

「いやいや賊の間者に相違あるまい、その方は我々を見て逃げかくれ候ゆえ、賊の間者と見受け吟味をも致し候。まったく木引きに相違なくば逃げるに及ばず。正直に申さば命は助ける、もしいつわらば首をはねる」

「正直に申せと責め立てられ候えども、何とも他に申し候わけは御座なく、御まえ様方の御通行が恐ろしく、逃げかくれ候也」

「この騒動には町在ともに遠方へ逃げかくれ候に、何用あって三里も先のここまで出て来たか。この方共は天朝の仰せを蒙りて朝敵の会津を征伐に向かう西軍也。町人百姓などには少しもかまう者ではない。ただ武家の者は一人残らず討ち候との仰せなり。その方の人体を見れば武家の恰好。賊の間者の廻し者に相違あるまい」

とそのとき、運よく顔見知りの小荒井村にある米屋の主人が通りがかった。地獄に仏とはこのこと。

「あれなる人は知り合いの人なり、あの人に御聞き下されたし」

「こやこや、その方はこの者を見知り候か」

「この者は日中入りの木引きにて御座候。なに不調法にてこの如きのいましめに相なり候ぞ、その儀は存じ候わねど御助け下され候」

「いや外に不調法もないが、我々を見て逃げかくれ候ゆえ、賊の間者と見受け吟味致し候所也。併しながら、この者申す候に相違なくば放して遣す也」

米屋の主人の証言によって男は疑いが晴れ、縄をとかれたが、死の淵から帰った安心からか足腰が立たず、その場にくず折れた。このとき西軍隊長は湯を飲んでいたが、それを見た男は、「恐れながら歩行も相ならず御湯を一ツ御くれ下されたし」と、恐れもせず真っ正直に頼んだ。家来の者が湯をくみ出し与えると、これを飲み干し、ようやく生き返った心地がした。

そうして足早に小荒井村の端まで参り、それよりあとをも見ずして一生懸命に逃げ出した。山入りの村には早くも、「今日木引きは西軍に生捕られ、定めて殺されただろう」との話が伝わっていて、そこに男が現れたので、皆々夢を見ているような気がして喜び合った、と言うことである。

手代木直右衛門家族の逃避行

会津藩若年寄手代木直右衛門の妻喜与は、戊辰時の逃避行を「松の落葉」という手記にまとめている。

喜与

慶応四年（一八六八）八月二十三日、若松城下に西軍が迫った。喜与は夫直右衛門と長男宅寛を城に送り出してから、七十才の老母と十一才、八才、三才の子女を連れて城に向ったが、市中はすでに火の手が盛んで入城を諦めた。手代木家に年来出入りしていた伝蔵を頼りに現会津若松市神指町へ行き、世話になった。西軍の探索も厳しくなり思案にくれたが、出入りの大工栄吉が耶麻郡村松（現喜多方市）にいることを思い出した。

村松に着いて一安心はしたものの、今度は越後口からの西軍が村松方面に迫って来た。栄吉は耶麻郡関根（現喜多方市）にある母の実家に行くことをすすめて道案内した。この家ではこころよく迎えてくれたが、今日刈り取った稲を晩に炊いて食べるという有様で、気の毒になって十日ほどで立ち退いた。それからは宿を断られながら津尻（道順から見て入田付の沼尻か）、金屋、熱塩、三ノ倉と歩きまわり、下山する途中で親切な村人に出会い、山小屋に案内してもらった。村人は食事などを運んで親切を尽してくれた。

九月二十二日、会津が降伏すると、栄吉が人づてに場所を聞いて訪ねてきた。籠城兵は猪苗代、城外兵は塩川にそれぞれ謹慎、老幼婦女は在り方へ仮寓《かぐう》と決められたので、喜与たちはふたたび栄吉の家に住むことになった。

喜与はまず、すべてを失ったなかから直右衛門と長男の冬物の衣類を都合して猪苗代に送った。そして新政府からは一日米五合、銭二百文ずつをあてがわれ、老母と三人の子どもとともに四畳一室に寝起きし、米をつき、薪を割り、機を織りながら、二年あまりを侘しく暮らした。

そして、「明治三年（一八七〇）十月十一日御国換となり、若松二十八万石は斗南三万石となりて、陸奥下北半島に人烟稀なる妙見が原といふを、斗南の原と改めて、広漠たる荒野に赴くこととなれり。（中略）依りて一家は二年あまり住み馴れし村松の地を十月十一日に立ち出でたり」（『松の落葉』）

◎後日談

・喜与たちが落ち着いた「関根」という集落は、筆者の生まれ育ったところである。「松の落葉」を読んでから、大工栄吉の母の実家というのはどこの家なのかと思案すること久しかった。五十年も前のこと、村の朝茶話に「戊辰戦争のとき世話をしてお礼に刀をもらった」とよく話題にする人がいたという。その情報を得たのはこの十年ほど前のこと、ようやくその家を特定できたところであった。

・喜与たちは二年あまり住み馴れた村松の地を、明治三年十月十一日に離れた。その証が村松の湯殿神社に残されていた。平成二十八年（二〇一六）、ある必要から湯殿神社にある絵馬の写真撮影が行なわれた。その際、本殿内の北面角にほこりをかぶった小さな絵馬が目に止まった。

表面に書かれた「明治三午十月　計南藩　手代木氏」の文字に直感するところが

あった。裏を見ると案の定、「奉納　斗南藩　手代木拝」と書いてある。

まさしくこれは、直右衛門の妻喜与が、若松の戦乱を避けて村松で世話になり、二年後に村松を去るとき、村人に感謝の意を表して奉納した絵馬であるに違いない。ただし、表の「計南藩　手代木氏　明治三午十月吉日」の筆字は、村人が書き加えたらしく、「斗」の字が「計」になっている。裏面に喜与が書いた「斗」のくずし字を見誤ったようだ。当時は庶民にとって「斗南藩」は耳新しく目にも馴染んでいなかったためと思われる。

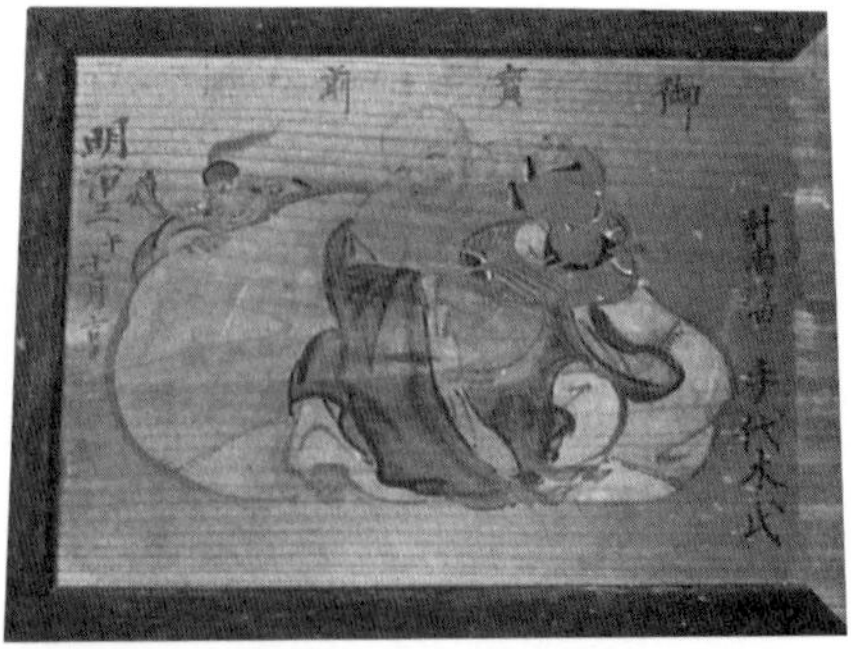

手代木喜与が奉納した絵馬（表面）

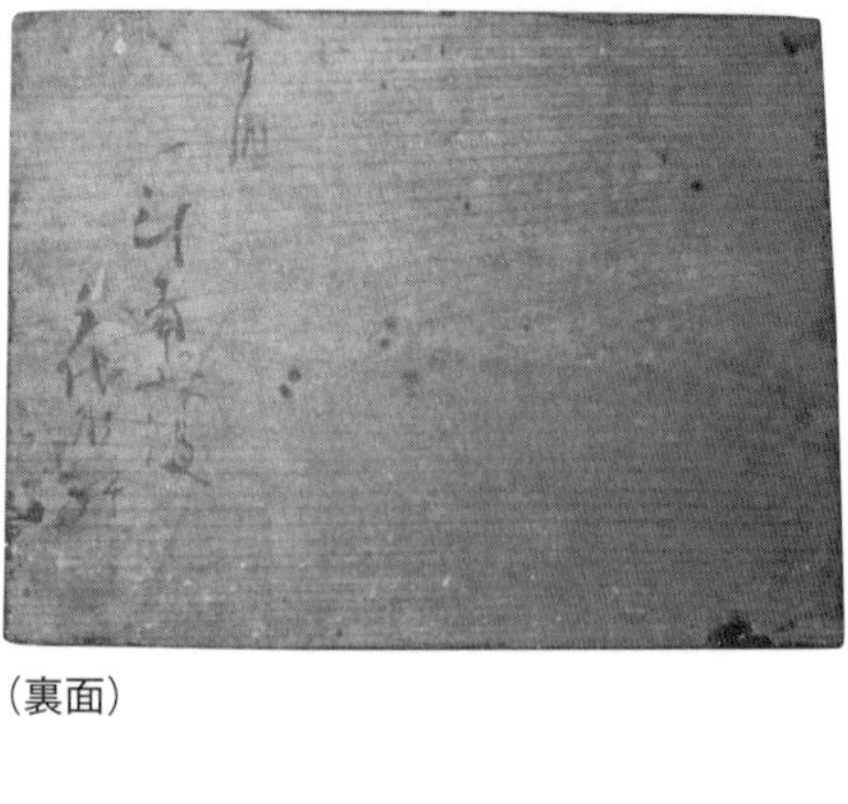

（裏面）

添川廉斎

数年前のＮＨＫ大河ドラマ「八重の桜」が放映されたとき、八重の夫新島襄の先生であった添川廉斎が少しだけ話題になった。それも喜多方市内だけのことであった。この機会に少々、廉斎のＰＲをしておきたい。

廉斎は享和三年（一八〇三）小荒井村（現喜多方市）で清右衛門の二男として生れた。廉斎は号で、幼名は亀次郎、後に完平、晩年は寛夫と改めている。諱は栗、字は仲穎、また頼山陽から贈られた有所不為斎という別号もある。

添川家は父の代に舞台田（現喜多方市慶徳町）から分家し、農業の傍ら染業を営んでいた。父は亀次郎に将来染業をもって生計を立てさせようと考え、同業者に徒弟として頼み込んだ。しかし業務に身が入らず、折さえあれば読書しているので、一年程で帰されてしまった。亀次郎はかえってこれを喜び、益々読書に耽る有様であった。父も望みに任せるほかにないと染業につかせるのを諦めた。

完平と名を変えていた十四歳ころ、会津藩士黒河内重太夫の下僕として住み込み、次いで軍事奉行広川庄助の従僕になった。昼間は主家の仕事に励み、夜になると専ら読書に耽り、床につかず眠くなると机にうつ伏して眠り、覚めればまた読書するという状態であったため、衣服は灯油が染みて臭う程であった。主人が登城した際は、他の従僕のように雑談雑話して時を過ごさず、独り離れて読書し、周りの嘲笑など苦にしなかった。

このような完平の姿を見ていた広川は将来の大成を確信した。文政三年（一八二〇）江戸詰出府のとき、十八歳の完平を同行させ、湯島聖堂の師範依田源太に托した。後に完平は古賀穀堂の門に入った。

三年の間、苦学し、いちおう学が成ると、全国周遊を思い立ち、まず京都におもむいて頼山陽を訪ねた。

山陽は、廉斎の詩文をみて、その才能の優れるを知り、著述中の有名な「日本外史」の仕事を手伝わせたという。

廉斎は性温雅であるが、思い切って実行する優れた才能を持ち、山陽の薫陶を受けてから国家を念頭において物事を考究するようになっていた。

次いで備後（広島県）福山に菅茶山の廉塾を訪ねる。廉斎は茶山からその学識を愛され、茶山に代わって左氏伝の書を講説し、塾頭もつとめ長く滞在した。

次いで九州に足をのばし、広瀬淡窓を訪ね、日をかさねて滞留、淡窓はこれを喜び詩をよんで贈った。

天保十年（一八三九）大坂に至って、詩文を篠崎小竹に問う。そのころ安中藩主板倉勝明は、大坂在勤の都度、小竹を招いて詩文を談じていた。

まもなく小竹は廉斎を勝明にすすめ会わせた。勝明はたちまち廉斎を気に入り、賓師として安中藩に迎え、安中藩邸漢学所の講師として七人扶持を給した。廉斎はその知遇に感激し、藩政の諮問には知って言わざるなく、言って容れられざるなく、風俗を矯正し、文武を奨励し、士気を振作し、庶政大いに挙り藩風がいっぺんしたという。勝明は常に「廉斎は予が畏友なり」と言っていたほどであった。

廉斎が安中藩邸漢学所で教授していたのは、天保十二年（一八四一）から安政四年（一八五七）までの約十六年であった。安中藩士であった新島襄はここに廉斎の薫陶を受けることになったのである。十一歳になった嘉永六年（一八五三）、漢学所に入って廉斎に漢学を習い始めた。

新島が後に廉斎を評して「一道学者と思いきや、実際政治家であり、世界の大勢に通じたりしこと事実なり。而して、経世家たる第一資格において、必要なる蘭学を君公に吹き込まれき、勿論氏自身としても蘭書をひもときしことは、詩によって知るべし」と述べている。

白虎隊の詩を詠んだ佐原盛純も塾生だったらしく、「廉斎添川先生の塾にありしとき、攘夷説の現世に適さざるを聞くや久し」と述べている。

さらに廉斎は、勝明が福山藩主・幕府大老阿部正弘と縁戚であったため、正弘の知遇を得た。正弘は幕末のやっかいな情勢のなか、廉斎をたびたび江戸城に呼んで諮問するところがあった。そのためか、橋本左内は二度ほど、大楽源太郎（長州藩士）、頼三樹三郎らも廉斎宅を訪ねて来たが、いずれも留守して会うことはなかった。

最後に軽い話を。

廉斎生家の流れをくんだ人に大手新聞社の常務をつとめた添川光一さんがおられ、退職後は喜多方に住んだ。在職中の局長時代にこんな話があった。

毎年、全国の新聞社の営業関係の部長以上の人たちによる「広告責任者会議」という会議があるという。参加者は八百人から千人が会合する大きな大会で、会場は各県の新聞社が持ち回りとなっていた。鹿児島県を会場としたときのこと。当時、添川さんはその全国会長の立場にあった。主催者は開会挨拶の中で、わが薩摩は関ヶ原、戊辰、西南と日本を相手に三度戦った。とくに戊辰の戦いでは目覚しい戦いをして、現在の日本の繁栄の基をつくったと、意気軒昂に挨拶した。

会議がおわり、主催者は添川さんほか五、六人を別席に招待した。会議の成功の礼を述べて乾杯がすむと、添川さんの前に来て酌をし、おもむろに言った。

「ところで会長は、どちらのご出身で?」

「会津だ」

とたんに座布団から下り、それを横に除けると、両手をついて頭を下げた。

「恐れ入りました」

ほかの人たちは何んのことやら訳がわからず、キョトンとしていたという。ややや芝居がかっているが、「あんな愉快なことは無かったよ」と、今は亡き添川さんの思い出話である。


ついでに右の話をフォローする意味で会津藩士小川渉の話を追加する。

戊辰戦争は伏見関門における会津薩摩の「通せ通さぬ」の筋合いから火蓋が切られた。会津藩の先鋒大砲隊長林権助は、従僕二人を連れて薩摩の関門にいたり問答数刻、薩摩隊士は朝廷にうかがい、可否の答えを申すべしという。権助はやむなくしばらく待とうと屯所に退き、まさに戸口に入ろうとするとき薩摩の大砲が火をふいた。会津・旧幕府側はこれに応戦しついに伏見鳥羽の戦争は始まった。こうして会津は錦旗に発砲したとして「朝敵」の名目で討伐されることになった。

この発砲について会津は、薩摩の砲撃を受けたため武門の習いで応じたまでとしている。のちに薩摩の大山格之助綱良は小川渉に、「伏見発砲の前後を会津に強論せらるれば、我にのがるる言辞なし」と言った。小川は「しかれば彼も良心に愧じしならん、この事は他年歴史上大いに関係する一大事なれば、我においての一大事といわざるを得ず、ここに録しぬ」と、自著『志ぐれ草紙』に書き残している。

とあれば、両手をついて頭を下げたさきの主催者薩摩の人は、じつは根底において大山綱良の「良心」を伝統的に受け継いでいたのかもしれない。

廉斎添川先生碑銘（喜多方市諏訪）

篆額	林　　権　助	（旧会津藩士）
撰	荘　田　三　平	（旧会津藩士）
書	西　　忠　義	（旧会津藩士）

長尾　修

会津西部地域出土縄文中期土器に見る蛇身造形とアニミズム的世界観

一般的に見て蛇は恐ろしいもの、気持ちの悪い生き物として感じる人は多いと考えられるが、世界的に見ると南米のケツァルコアトル（ククルカン）などにみられる蛇に羽根をつけた架空の神を信仰している部族もいる。イラクの初期の畑作農耕遺跡であるテル・サラサート遺跡出土の農耕の神とされる女神像の頭部には、蛇の装飾がある。日本の縄文中期土器にも、長野県方面の勝坂式土器等に蛇身装飾は多用されている。

では、会津ではどうかというと、会津西部地域出土の縄文中期前葉の土器の中には「人の手や足・耳などを形どった」とみられる造形や、「蛇身」を表現したとみられる造形が観察できる。福島県中通り地域の八景腰巻遺跡（福島市）や、壇ノ腰遺跡（郡山市）出土の縄文中期土器の中にも蛇身を表現した土器破片が報告されている（『東北縦貫自動車道発掘調査報告書1』福島県教育庁文化課　一九九五年）。獣面を口縁部に造形した土器や、蛇身を口唇部や口縁部に造形した土器が報告されているのである。縄文時代中期前葉大木7b式期から大木8a式期の古式あたりの土器には、当時のアニミズム的世界観を表現したとみられる蛇身や人の手・足・耳等を模した造形、獣面や人面の造形を施した土器等が比較的多く認められるのである。明らかに縄文中期当時は、アニミズム的精神文化が他の時期に比べて特に盛んであったことを物語っている。

蛇は毒を持つマムシ等や毒を持たない蛇まで何種類も日本に生息しているが、脱皮を重ねて大きくなり、冬になると冬眠して姿を消す。春になると、どこからともなくまた蛇が現れ、見かけるようになる。縄文時代の人々は恐れをなし、やがて崇拝の対象となり、神格化していったものと考えられる。

蛇身の具象的表現は、縄文中期の短期間で姿を消すが、人々の意識の中には無意識のうちに残り続け、それが今日まで日本人の基層文化を形成しているとみることもできるのである。具体的には、蛇は人間には制御しにくいので、蛇身の形に似た川の流れや、蛇がとぐろを巻いているような平面形をみせる山頂が尖った山などを蛇身に見立てて、蛇神様を祀ることが多い。そういえば奈良の三輪山もご神体は蛇である。日本神話のヤマタノオロチの正体は、おそらくは川なのであろう。このように考えて身の回りを見れば、私たちの周りには、おそらく縄文時代中期以降、連綿と続いてきたであろう「蛇＝神」の観念が受け継がれてきていると考えられるのである。

蛇身を古語で「カガ・カガミ」ともいうが、お正月の飾りものである「鏡餅＝カガミモチ」も蛇がとぐろを巻いた形であるとみることができると民俗学者の吉野裕子氏は著書『蛇』で述べている。そういえば、縄文土器に施文している「縄文」もあるいは、神社の注連縄も蛇神とみることができるのではあるまいか。蛇の鱗に見立てた樹木の皮なども日本の南方では蛇信仰の対象と聞く。また扇子も同様に原形は蛇との見解もある。

私たち日本人の生活の中におそらく今も縄文時代のアニミズム「蛇神」信仰が無意識のうちに継承され、息づいているのかも知れないのである。西洋のドラゴンや中国・日本の龍神も元を正せば蛇神信仰とみることもできよう。世界の原始信仰の祖型対象の一つは、どうやら蛇神信仰といえるのかもしれない。

石生前遺跡出土　大木７ｂ式期系　深鉢形土器
（柳津町教育委員会所蔵）

会津の淡水産貝塚について

会津に淡水産貝塚があるというと、おそらく多くの人々は疑問に思うであろう。何故ならば、通常貝塚といえば海岸地帯にある遺跡と考えるからである。学校教育でもそのように教え、教科書記述もまたしかりである。ところが全国的にみると琵琶湖（粟津湖底遺跡・諏訪湖周辺部）からも淡水産の貝塚が報告されている事例がある。東北地方では、宮城県長根貝塚などが有名であろう。ほとんどがシジミ貝主体の淡水産貝塚である。

会津では、会津若松市高野町の上高野遺跡や河東町の宮腰遺跡（別称田中原貝塚）、喜多方市御殿場公園の一角にあったといわれる遺跡（現在は消滅しているとみられる）があり、これらは川真珠貝科に属するマツカサガイを主体とする純淡水産貝塚とされる。会津の淡水産貝塚の中で、宮腰遺跡は最大級の遺跡であり、縄文土器破片や弥生土器破片とみられる土器の破片やマツカサガイの貝殻を周辺地域から採集できる。これら会津の淡水産貝塚は、これまで正式に調査されたことがなく、遺跡の詳らかな情報はない。マツカサガイは、イシガイの仲間で二枚貝である。湖沼や緩やかな流れのある河川の下流域など砂底に生息する。殻はやや薄手で、大きいものでは約六十cm程になるものもあるようであるが、会津の淡水産貝塚で表面採集できるものは五cm〜十cm未満の貝殻が大部分を占め、小ぶりのものが多い。貝殻表面には縦長漣状の凹凸がある。水の汚れや高い水温に弱いとされる。地方名はシジラガイ・チチミガイ・タンケなどと呼称されることもある。近年大幅に減少し、絶滅が危惧されている。まれに貝殻の中に小さな真珠を作り出していることがあり、川真珠貝科の仲間と認識されている。宮腰遺跡のある河東町付近は、縄文時代や弥生時代には多くの中小河川が流れ、中小の沼が点在するところであったとの説もあり、食料や別の何らかの用途で多量のマツカサガイを捕獲し、その貝殻を捨てた純淡水産のマツカサガイを主体とする貝塚遺跡であると考えられる。宮腰貝塚のマツカサガイの貝殻は、田中原の墓地付近から比較的多く採集できるようである。

会津三庭園の一つと称された攬勝亭の歴史的遺産について

会津三庭園の一つとして、新旧の会津若松市史などにも写真入りで掲載されている攬勝亭は、令和二年（二〇二〇）、「保存活用か、宅地造成か」を巡って新聞紙上やSNSでも話題となり、会津若松市議会の一般質問でも取り上げられるなど世論を大喚起した。

伝承や古文献等によると天元年間（およそ十世紀）から続く名園があり、天文十二年（一五四三）、蘆名盛舜の客分として会津に入った越後国三条長尾氏の長尾信景が柳原の地を拝領して土着したと伝わる。信景が逝去したときに二代弘景が柳原寺を招致、建立、菩提寺としたともいわれる。攬勝亭庭園内にある「菅神併庭記」には、長尾信景会津入部の経緯や天文五年（一五三六）に白髪の大水に見舞われ、周囲一面の氾濫原に楊柳が生い茂る場所であるが、磐梯山を望む風光明媚な土地で

かつて攬勝亭にあった石碑（『会津嶺』2020年5月号より）

あったこと、この地を長尾信景が蘆名盛舜から授かったことなどが記されており、ここから「柳原」の地名になったことも記されている。その後、会津松平家の家祖保科正之公が会津に入部されたとき、攬勝亭に立ち寄られて、風光明媚さをおおいに気に入られ、「攬勝亭」と命名されたと伝わる。会津松平家三代正容公のとき、御薬園（楽寿亭）・可月亭と共に攬勝亭の改修を命じられたという。庭師は小堀遠州系の目黒浄定で、会津藩士の丹羽勘右衛門に命じて指揮をとらせ、改修させた。その後は、会津藩主が狩りのときに立ち寄られたり、藩士遊覧の場となり、会津藩の経営にもなっていたという。

一方、長尾信景の後裔は、造酒屋や味噌醤油などの醸造業、運送や屋根を葺く木っ端など多くの品物を扱う会津藩御用となり、松平容保公のときに近隣に並ぶ者がいないほどの大商人になった。また、息子達と併せて二百三十石の藩石に列せられ、会津藩士の身分を持つ御用商人となった。本家七代長尾源治（後に源内）義俊、本家六代長尾源治和俊の頃には、柳原の地に大邸宅と見世棚を構え、蔵は十三棟、水車小屋も二棟を有し、多くの使用人がいたという。この邸宅は戊辰戦争で焼失したが、屋敷は軽井沢銀山に通じる銀山街道に面しており、軍事・交通の要衝でもあった。戊辰戦争では、会津の朱雀隊・青竜隊の下陣となり、兵糧を賄ったりお城へ二度までも食料を運搬し、お城の鉄門前で陣幕を張り、会津藩主の松平容保公や重臣が居並ぶ中で藩主から褒賞された。この戦争が終われば正式に会津藩士に取り立てるとのお言葉もいただいたという(『己巳年明治見聞誌拾五編記事』より)。(なお、このお褒めにあずかったのは長尾源内義俊のときであるが、後継の長尾源治和俊であった可能性も残る。和俊は戊辰戦争後に御薬園の買い戻しや土津神社境内山林の買い戻しなど復興に中心的な役割を果たし、また若松城の買い戻し、会津藩士の埋葬にも資金を出して功績があったという。なお、戊辰戦争後の会津復興に力を尽くした人物としては、長尾源氏和俊・林與一(与一)・森田七郎兵衛などが知られている)

さてここで、攬勝亭が史跡や戊辰戦争の戦跡としての用件を満たすであろうことを示す事柄を記す。戊辰戦争の終盤頃に飯寺方面の新政府軍と会津勢守備隊(朱雀隊・青竜隊中心)が攬勝亭付近から住吉川原一帯で激戦を繰り広げ、一時は会津勢が優勢で撃退したが、増援を得た新政府軍に圧倒されて会津勢は後退、代わって攬勝亭は、薩摩十八番隊と政府軍の下陣となり、若松城攻めの西方拠点となったが、お城に白旗が揚がり、開城まもなく用済みとなり、薩摩十八番隊により放火されて焼失したという（『己巳年明治見聞誌拾五編記事』より）。このとき、焼失を免れたのが攬勝亭庭園なのである。

なお、焼失前の長尾家屋敷については、「長尾家屋敷繪圖屏風」（大須賀清光筆福島県立博物館寄託品）が現存しており、往事を偲ぶことができる。また、朱雀隊士の渡辺東郊の描いた攬勝亭庭園西側鏑木門付近の絵が現存しており、攬勝亭十景其の一背炙り山秋月の詩文の冒頭に元「会津公別園攬勝亭」と記されている。さらに大正六年刊行の『北会津郡誌』にも攬勝亭関連の歴史が詳細に述べられており、会津藩関与経営の攬勝亭であったことはほぼ確実といってよい。

さらに傍証として、小田山の丹羽能教墓碑の碑陰記に「……柳原攬勝亭に庵を営み住す」とあり、北方警備、江戸湾警備・猪苗代開拓等に功績のあった会津藩元家老丹羽能教が晩年住んだところでもある。会津藩が経営関与していた攬勝亭であれば、このようなこともあったのだろうと考えられるのである。

丹羽能教の孫にあたる丹羽五郎は、北海道の開拓に功績があり、丹羽村（現在北海道檜山郡瀬棚町）を開村した人物である。幼いときに丹羽能教と住んだ会津の攬勝亭を偲んで、丹羽村に「攬勝亭」と白虎隊の遙拝処を設けた。また開村を記念して、猪苗代湖を模した池も築造したという。丹羽村の中心は、現在の玉川公園付近であり、少し離れた晩翠園がかつては「攬勝亭」と呼称されていたという。

攬勝亭庭園内には、「安政四年〈一八五七〉松平容保公のお成り」と歌が刻まれた石碑や享保十九年〈一七三四〉九華堂東三の歌碑・攬勝亭と長尾信景一族の歴史を等を記してある「菅神併庭記」碑文＝攬勝亭内碑文（総本家長尾景武等が建立に関与・明治十九年〈一八八六〉）・歌人与謝野晶子が訪れた茶室・茶室西側にある細長い石碑・石灯籠や石造物・稲荷神社・三峯神社等歴史的文化遺産が散見できたが、会津若松市文化財保護当局は、調査の必要なし、協議の必要なしで開発許可を出してしまった。

後世の人々には、令和二年（二〇二〇）に突如惹起した「攬勝亭保存活用か宅地開発か」との推移をどのように評価するのであろうか。

飯沼貞吉と長州藩士楢崎頼三

筆者が会津若松ザベリオ学園中高等学校の兼務教頭を拝命していた頃の話である。今から約二十年程前、フランシスコ・ザビエル日本渡来四百三十年記念行事が行われた。カナダ系ミッションスクール（ローマカトリック系）である会津若松ザベリオ学園でもフランシスコ・ザビエルについて調査し、収集した画像や資料の展示会を催すことになった。そこで筆者と学校長の二人で山口県を訪れ、ザビエルの布教活動の資料収集にあたった。三泊四日の旅程であった。筆者は、闇雲に現地を探索しても効果が上がらないと考え、学校長には、山口市内の幾つかの協会関係者に連絡をとっていただき、筆者は旧知の会津史学会役員の故鈴木重男先生（元白虎隊伝承史学館）と連絡をとり、山口県の史学会メンバーに連絡をとっていただいた。鈴木先生の連絡で山口県の史学会会員が会長以下数人で現地（山口市内）での調査スポットの案内をしてくださることになった。

研究調査視察計画の段取りを終えて、学校長と筆者は羽田空港から山口県の宇部空港に飛んだ。現地は雨だった。空港で諸手続きを終えて荷物を受け取り、ロビーに出ると「歓迎！山口県史学会」の横断幕を掲げて、山口県史学会の会長はじめ会員の方数名のお出迎えがあった。「遠路、会津からこられた！大歓迎です！」ということで車数台を連ねて歓迎の席を設けてあるという湯田温泉に直行した。雨天でもあり、夕方でもあったので、本格的な調査は明日ということで、その日は調査場所及び調査計画の確認をして、間もなく宴会となった。このような歓待を受けるとは、予想しておらず、学校長と顔を見合わせ怪訝な面持ちでいると、山口県史学会の会長は酔いが回ったのか、筆者に議論を持ちかけてきた。「会津は何故、いつまでも長州を恨んでいるのか？」という内容であった。返答に窮していると、「会津は誤解している。やられたのは長州の方だ！」というのである。「会津で市街戦を行った主力は薩摩と土佐を中心とする軍勢ではなかったのか。長州は越後口から遅れて会津に入っているのだから……」、「戊辰戦争後、会津をいじめたのは越前藩の民政局ではないか」、「確かに会津の恭順を握りつぶしたのは、長州の世良修蔵ではあるが……」、「会津の人は不勉強だ」とも。いやはやなんとも集中砲火であった。

引き続いて、会長は、戊辰戦争前に長州の松下村塾塾頭である吉田松陰が会津を訪ね、日新館の教育を見聞していたことや、「戊辰戦争後、長州藩士奥平謙介が、謹慎中の会津藩校日新館の秀才で白虎隊士の山川健次郎や小川某が東松峠を越えて越後路を脱走してきたのを庇護し、勉学させたこと」等を話された。このあたりは筆者も心得ており、丁寧に御礼を述べた。

しかし、次の会長の一言に驚愕したのである。「白虎隊士の飯沼貞吉は自刃蘇生後数年間（三年程か）所在が確認できないといわれているが、そんなことはない。会津で自刃をしそこない、白い目で見られていた飯沼貞吉を長州の楢崎頼三《ならざきらいぞう》が庇護して長州に連れてきた」のだという。さらに、「九州の電信局で学ばせたのだ」とのことだ。これは初耳である。半信半疑であったが、山口県の地方新聞に関連記事が掲載されているものを見せられ、事実かも知れないと考えるようになった。

翌日から始まったザビエルの資料収集も山口県史学会のご協力で首尾良く終わり、帰りの宇部空港まで再度山口県史学会の方々に送っていただいた。別れ際に山口県史学会の会長から一言、「我々も近く会津に行く！」、「会津と長州は戊辰戦争で敵味方に分かれたが、それ以前は比較的友好関係にあった」、「そろそろ仲直りしても良い頃だ」、「会津の方々によろしくお伝えください」との主旨をいわれた。

会津に戻り、学校内で首尾良くザビエルの展示会を開催でき、多くの方々に観覧いただき、好評であった。ザビエル関係の展示が一段落すると、気がかりであった「飯沼貞吉」の自刃蘇生後、数年間、長州に庇護され山口に行っていたことについて、現地の新聞記事のコピーを持参して、会津の歴史に詳しい方数人に「飯沼貞吉長州庇護説」について話しに行ったが、皆さんニコニコしてはいるがあまり真剣にとりあっていただけなかった。おそらく、伝聞の類いでガセネタであろうと思われたに違いない。真剣にこの話をすると何故か冷ややかに見られている気がして、しばらくこの話はマル秘扱いとした。

筆者が、会津大学で開催された「会津エンジン04」の講師を勤めた時に講師待合室で飯沼貞吉後裔の飯沼一元氏とお話しする機会があったので、山口県で聞いた「飯沼貞吉長州庇護説」についてのお話をすると、一元氏は「山口の人に同じ話を聞いたことがあるが、とても信じられない。裏付ける資料に乏しく、よくわからない」との答えであった。その後筆者は「会津エンジン05」・「会津エンジン06」と毎年講師を務めたが、再び飯沼一元氏とお会いした時には、「飯沼貞吉が長州で数年間庇護されていたことは、どうやら確かなようだ。貞吉（後に解明して貞雄）は、後に仙台の電信局に奉職しているが、九州で電信を学んでいたからだろう。飯沼貞吉長州庇護説を認めざるを得ない」ということであった。

現在では会津でも飯沼貞吉自刃蘇生後数年間長州で庇護されていたことを知っている歴史研究者も増えてきているが、一般にはまだ知られていないようである。まだまだ会津史には未解明な部分が残っており、改めて未解明の研究テーマが身近に数多くある事を確認した次第である。

会津の洞窟・岩陰遺跡

後期旧石器時代や縄文草創期頃の人々の住まいは、洞窟や岩陰を利用したものや、簡易テントの様な住居であったと考えられている。会津や会津の近隣地域にも洞窟・岩陰遺跡が幾つか報告されているが、発掘調査された遺跡は少なく、全貌は明らかになっていない。後期旧石器時代には、おそらく血縁集団からなる少人数の集団（バンド）が食料を求めて遊動生活をしていたものと考えられる。大人数を支える食料を確保する事は困難であり、少人数の方が統率しやすかったのかも知れない。洞窟や岩陰を利用しても長期間の定住はなく、各方面を移動しながら、また洞窟や岩陰に戻ってくるような生活であったと考えられている。あるいは、季節ごとに幾つかの拠点となる洞窟や岩陰を巡り歩いていたのかも知れない。

岩陰遺跡として綿密に調査されたのは、磐越自動車道路の建設に伴い橋脚建設予定地となっていたため、財団法人福島県文化センター遺跡調査課によって発掘調査（発掘調査期間1990.4.17～1992.10.23）がなされた西会津町塩喰岩陰遺跡である。この遺跡は、越後山脈内の磐越自動車道竜ケ岳トンネルの入口付近に位置しており、出土遺物最古の土器は、縄文草創期後半ころの土器破片で、新しい時代の遺物は、平安時代の遺物が検出された。岩陰遺跡に堆積した文化層は十一層に及び、石鏃や石匙・磨石・石皿など狩猟や採集にかかわる石器類も大量に検出され、数千年に渡る人々の生活の痕跡が堆積していたのである。縄文時代から平安時代には竪穴住居などもつくられていたのではあるが、塩喰岩陰遺跡のように岩陰も利用していたことがわかる事例である。塩喰岩陰遺跡の十一層に渡る文化層が会津のタイムカプセルといわれる所以である。

次に会津美里町（旧会津本郷町）の「馬越洞窟」について記す。道路建設時に洞窟のテラス部分は既に大部分が削平されてしまっているが、洞窟本体は良好に保存されている。昭和三十年代には、一部の人々に既に洞窟の存在が知られていたらしいが、地元の方の話では、それ以前から知られていたとのことである。洞窟入口は比較的広く開口しており、何らかの用途に利用されていた可能性が高い。現在は、落盤などの危険性があるために、事故防止と盗掘防止を兼ねて鉄骨柵と針金のネット防護柵が設置されており、馬越洞窟への進入は困難になっている。

筆者はかつて洞窟内に自由に出入できた昭和五十年代初め頃に洞窟内から採集したとされる遺物を保管している方に見せていただいた事がある。有舌尖頭器の完形品や縄文早期の三戸式系土器破片や田戸式系土器破片とみられる数点の遺物であった。筆者も防護柵が設置される前に何度か馬越洞窟内に入ったことがあるが、洞窟開口部をくぐると内部は結構広かったことを記憶している。落盤の跡が生々しく、危険なので早々に退出したのを覚えている。

洞窟前庭のテラス部分が僅かに残っており、正式な発掘調査を実施すれば有望な遺物包含層が検出されると考えている。洞窟内部の調査は、落盤防止策が必要であり、相当大がかりな防護対策を伴う調査になると予想している。現在遺跡は良好に保存されており、緊急に調査する必要に迫られてはない。当面は現状保存に努め、将来の発掘調査技術の進歩を待って調査するのがベストであると考えている。大川流域・阿賀川流域・只見川流域でも洞窟の存在が知られているが、ダム建設よって水位が上がり、洞窟の場所、位置によっては、踏査（サーベイ）も困難になっている現状にある。将来の調査が待たれるところである。

ところで、会津の隣接地域である新潟県阿賀町には、有名な小瀬ケ沢洞窟遺跡や室谷洞窟遺跡がある。数年前に西会津町の考古学者S先生と筆者は、前日西会津町で行われた「西会津町歴史文化講演会・シンポジウム」で指導助言者をお務めいただいた國學院大學名誉教授の小林達雄博士をお送りする方々、阿賀町郷土資料館に行き、その帰途に室谷洞窟を訪ねたことがあった。遺跡のすぐ側や比較的近傍に室谷川や床浪川が流れている。S先生のお話しによると川筋をたどっていくと只見川と繋がり本名発電所（金山町）方面に至ることができるという。南会津地域と室谷洞窟遺跡あるいは近接部の小瀬ケ沢洞窟遺跡は、川筋で繋がっていたのである。当然、当時の人々の移動ルートは、川筋、谷筋、山の尾根筋、海岸線等のルートが利用されたであろうから、後期旧石器時代や縄文草創期・縄文早期頃の室谷洞窟に住んでいた人々や小瀬ケ沢洞窟に住んでいた人々の中には、南会津方面まで移動してきた人々がいた可能性がある。何とも壮大な原始時代の交易を想起できる一大ロマンではないだろうか。

〈協力／佐藤光義〈日本考古学協会会員〉〉

南会津でカメムシを誤食した時の顛末

昭和五十年代頃の話である。福島県教育庁文化課のS先生から筆者に電話連絡があった。県指定にも匹敵する山城を発掘調査して欲しいとの話であった。筆者は早速、旧知の発掘調査仲間に相談をした。夏休みに四年かけた年次計画で発掘調査を行うことで衆議一決した。現場は、現在福島県の史跡に指定されている「久川城」とその周辺部である。福島県史跡指定に申請できる資料を得ることが主な目的であった。

初めに久川城隣接部の伊南川沿いにある侍屋敷推定地である堂平地区を発掘調査することにした。高さ約五十cm〜一m程の川原石を積み上げた石垣区画が目視できる箇所と雑草が茂る平場があった。宿舎は伊南川の橋のたもとにあった民宿「藤森」である。

ここの経営者のおばさんは気前が良く、有り余るほどの食べ物を出して接待してくれた。朝食はご飯・生卵・納豆・焼き海苔・塩鮭・梅干し・味噌汁、昼食は大型の二段重ねの弁当で、一段目には卵焼きやら焼き肉、野菜などがいっぱい詰めてある。二段目には、これでもまだ足りないかとばかりにご飯がぎゅうぎゅうに詰めてある日の丸弁当であった。それにキュウリやトマト・トウモロコシが付けてあった。麦茶ボトル一本も加えてあった。とても食べきれないと思ったが、残す人はなく、皆平らげてしまったのには驚いた。夏の暑さの中での連日の発掘作業である。食べなければ倒れてしまうと考え、皆必死で食べたものと思う。

夕食はこれまた、豪華であった。伊南川の鮎の塩焼二尾・ヤマメ、もしくはイワナ、あるいはニジマス一尾・只見の固豆腐・マトン・鶏肉・豚肉・牛肉・マグロの刺身・清酒花泉の冷や酒・ビール・ウイスキー。焼酎は飲み放題。他にサツマイモ・ジャガイモ・トマト・キュウリ・トウモロコシといった具合で、これが民宿前庭で連夜行われた鉄板焼きのメニューである。連日ご馳走のオンパレードであった。採算が取れるのかと心配したものである。民宿のスタッフが「サァー食いやれ！飲みやれ」ともてなす声が、今も耳に残っている。

ところで、発掘調査も大詰めとなり、現地説明会を開くことになった。福島県教育委員会からも調査指導にみえるという。現地説明のため、前日夕方から配布する資料の作成にとりかかった。図面を整理したり、掲載する出土遺物の実測図や土器破片の拓本等を手分けして作成し、解説文は筆者が担当した。発掘調査員一同、伊南村の公民で一晩頑張ったかいがあって、翌朝五時頃には完成。印刷し、製本を終わったのは六時半頃であった。現地説明会は十時からの予定であった。

筆者は、公民館のエントランスを入ったフロア付近で椅子を並べて仮眠をしたのであるが、どうも虫の羽音で眠れなかった。そのうち筆者の口元に一匹の虫がとまった。おそらくよだれでも出ていたのであろうか。手で振り払っても中々離れないのである。半分寝ぼけていたのか、思わずその虫を噛んでしまった。口の中が焼けるように熱い、またなんともいえない苦みのある味であった。それを目撃していたのが当時の伊南村教育委員会文化財担当のＹ氏であった。筆者を指さしながら大笑いをして、「アーッ、カメムシ食ったぁ」というので、筆者はようやくカメムシを噛んだことを悟った。

それから二日から三日は、折角の民宿のご馳走も味わうことができなかった次第である。また、このような経緯からその日の現地説明会の説明は筆者の担当分の大部分を他の方に代わっていただくことになってしまったのであった。

しかし、話はまだ終わらないのである。その年の秋頃、会津方部高等学校生活指導協議会が南会津の南郷村（現南会津町）のさゆり荘で開催された。会津地域の各高等学校の生活指導の先生が一名ずつ参加した。一泊二日の日程であった。一日目の情報交換会が終了し、それぞれ割り当てられた部屋で夕食までの間しばらく寛いでいた時のことである。筆者が割り当てられたのは狭い二人部屋であった。他校の年上の先生と一緒だったので、筆者がお茶出しをした。相部屋になった先生が、「ここのお茶は代わった味がしますなぁ」といわれたので、筆者も飲んでみると、あの味である。忘れもしないカメムシの味だったのだ。あわてて急須の中を除くと小さく綺麗なカメムシが一匹茶葉に混じって入っていたのである。筆者は、さりげなく、急須の茶葉を取り替え、新しくお茶をいれてその場をとりつくろった。それにしても南会津で短期間の内に二度迄もカメムシを味わうことになるとは、何とも奇妙な体験をしたものである。

久川城をはじめ、旧伊南村や旧南郷村付近は伊達政宗の軍勢を打ち払い、戊辰戦争でも佐川官兵衛隊が奮戦し、新政府軍を圧倒したという。伊南村は一時中学校の剣道大会で全国優勝したこともあると聞く。南会津一帯にはその他にカメムシという強敵が存在することを改めて痛感した次第である。

なお、伊南村の方からお聞きした話であるが「カメムシが多い年は豪雪が予想される」とか。

平出　美穂子

「百人一首」下の句歌留多取りの起源は会津なり

一般に百人一首の歌留多は、上の句を読んで下の句を取る。しかし、下の句を読んで、下の句を取る「百人一首下の句歌留多大会」は北海道を中心に大々的に行われている。

今から八年前、北海道標津町歴史研究会より容保公京都守護職祝い膳の復元を依頼された時、「下の句歌留多は、会津藩士が文久元年（一八六一）から慶応四年（一八六八）三月まで在住していた時、私達の先祖に残してくれた遊びだと思うのですね。現在も楽しく行っているのですよ」と会長から伺った。早速当時の板歌留多が残っているか、別海町郷土資料館に問い合わせたが、残念ながらなかった。

そこで『会津若松市史上巻』「第五節　歌留多」（九一一頁）の項を見てみると、「会津の歌留多は下の句を読みて下の句を取る習いなり」とある。さらに会津会雑誌三十四号に新島八重が「新年互礼会」の中で「会津独特の下の句を読みて下の句を取る歌かるた遊びに歓を尽くして散会したのは電灯の点ずる時刻」、次いで同雑誌三十六号「新年例会」にも「食事が終わると、歌かるた遊び、それも、お国ぶりを発揮して下の句を読んで下の句を取る競技を四、五人ずつ分かれ二か所で戦いましたが、新島刀自も参加せられ、新城大総長も、この日ばかりは昔の学生の元気に立ち向かって勇敢に戦いました」と記されている。そして新島八重の友達で日向ユキの手記にも「歌留多取りは畳のほこりが飛ぶくらい」とあり、下の句歌留多会はすさまじいものであったことが現在の歌留多会に見い出せる。我が家の九一歳の叔母も正月に行《おこな》ったという。

また現在六〇代で只見町出身の女性も、テレビが普及する前、冬期間子供達が公民館で毎日のように下の句歌留多取りをしていたという。只見町郷土資料館には下の句が板で、上の句と下の句は荷札に書かれたものが展示されている。文化文政時代から始まったという古文書が見つかれば会津発祥は確実となるのだが。

歌留多

「文久二年（一八六二）蝦夷地御廻通法日記帳」にみる旦那様とは神尾織部だった

『会津人群像』No.三二・三三・三四に掲載のこの日記帳は、戊辰戦争後一五〇年にあたる平成三十年七月七日に松平保久様が幕末会津藩領だった北海道標津町においでになり、旧藩士の墓参とご講演をされたことを記念して、標津町郷土史研究会の方々と一緒に一冊にまとめた『知られざる幕末会津藩』に掲載したものである。保久様の歓迎には、標津町だけでなく、北海道全地から大勢集まり、厳かで歓喜きわまるものだった。

さて、日記帳は、著者で会津河沼郡安座村（現耶麻郡西会津町）の佐川照保が、旦那様と奉行兼勘定頭の樋口佐多助、医師を含めて一五、六名で北海道を一周し、各地の距離、家数、地理状況（絵図）、番屋などを詳細に記したものである。照保は文久二年四月十二日に会津を出発し、北海道戸切地にある会津陣屋へ行き、旦那様と合流した。六月十二日から余市、宗谷、樺太を巡見し、会津藩領の紋別、斜里から陣屋建設予定地で会所のある標津でヲムシャ（アイヌ人への伝達と交流会）を行い、別海、厚岸、長万部を経て閏八月十九日までの九八日をかけて戸切地に帰営した。

この中で照保が常に旦那様と記しているのは誰なのか。ずっとわからずにいたが、このたび、『幕末会津藩往復文書』上巻・下巻に、神尾織部が蝦夷地に駐在していたことが記されていた。特に下巻・第二〇巻の「蝦夷地御所置方に付、全島廻浦見聞之上建議候に付き御評議の上御下知被伺越候のこと　四月十七日付け」（四七七頁）に家老へ宛てた書簡で、「昨年蝦夷地全土を夏に出発し、秋に帰営したが、蝦夷地は夏といえども冷気あり、米、野菜も採れず、魚類のみ、開墾するにも難儀をきたし、もっぱら魚からの運上金のみである。陣屋予定地のホニコイは夏は蚊が多く、海辺に面して風当たりが強い所」など、日記帳と一致する文面・日付が見られた。織部は当時蝦夷地常詰奉行だったのである。

戊辰戦争中、容保公が七月二十八日に御出馬の時には、織部は四〇〇石の奉行職で、屋敷は現在の旧県立病院側から風雅堂へ行く道の入り口の角周辺にあった。

自刃した白虎隊西川勝太郎は神尾織部の孫、そして織部の墓石発見

蝦夷地常詰奉行だった神尾織部政吉友義には娘がおり、五女のきせ子は物頭三〇〇石で一刀流の達人の西川半之丞に嫁ぎ、嘉永六年（一八五三）正月に勝太郎を生んだ。

慶応四年（一八六八）、勝太郎は白虎隊に入り、八月二十二日、同士隊三七名とともに松平容保公に随行し滝沢村に向かい、その後、全員戸の口原に出陣したが、西軍の猛攻撃を目前にし、やがて飯盛山で自刃した。この時、城内にいた織部の心情はいかばかりか。

ところで、織部は開城時には名が見られたが、その後の足取りがつかめず、東京謹慎者名、高田謹慎者名の中にも見当たらなかった。やはり、西軍の提出した会津藩降伏の条件の中に「家中の中で、六〇歳以上の者と一四歳以下の者はおかまいな

し」に該当していたことを窺う事ができた。

　神尾一族の墓は天寧寺や大窪山墓地にもあるが、織部の墓石は会津若松市宝町（織部の家の近く）にある日蓮宗法紹山浄光寺にあった。この寺は、保科正之公のご生母、お静の方の菩提寺で、お静の方の戒名「浄光院殿法紹日慧大姉」に由来している。境内には、神尾家先祖代々の五輪塔があり、多くの墓石が立ち並んでいる中に、ひときわ新しく、平成二十二年（二〇一〇）九月に建立された神尾家墓誌がある。最初に記されているのは、お静の方の父の神尾伊予栄加、次いで兄の神尾嘉右衛門政秀とあり、さらに正之公の生母お静の方で、「寛永十二年九月十七日」と記されている。そして分家した初代の六左衛門友清から数えて八代目に織部政吉友義、「明治三年十一月二十三日六十九

神尾織部の墓

才」とある。織部が蝦夷地に赴任していたのは五八歳から六五歳位までか。蝦夷地での運上金もままならず、アイヌ人に一〇〇〇両にもの借金を残したまま帰城しなければならず、登城するやいなや、家老達の喧々諤々から、戦争、落城と、さらに同じ蝦夷詰で行動を共にしていた御聞番河瀬重治郎は八月二十九日融通寺町で負傷し、御山の病院で亡くなるなど、わずか数ヶ月で激動し、変わり果てた会津藩に漢学者で物静かな奉行織部は、蝦夷地で過ごした月日は何のためだったのかと推測せずにはいられない。

浄光寺墓誌

奥羽巡見使が食べた江戸名物「奈良茶飯」

令和二年（二〇二〇）に昭和村下中津川の名主の家から天明八年（一七八八）の奥羽巡見使の接待膳の古文書が発見され、運良く復元する機会に恵まれた。

「飽きたるは、かじか、あかはら、まてこ、はや、山坂、たまご、わらび、どぶろく。全く、会津の食事は、聞いたこともない川魚と山菜と豆腐と卵ばかりの上、峠道ばかりで、本当にいやになったよ」と書き残しているのは、天明八年巡見使に随行し、『東遊雑記』という見聞録を書き残した当時有名な地理学者の古川古松軒である。

これに対抗して、奥会津の接待膳の料理頭は、当時、小笠原流の礼法者で医者であり、昭和時代に至るまでに、奥会津一帯に二〇〇〇人の伝授者を持ったといわれる金山町本名の渡邉源綱だった。渡邉源綱は、決められた一汁一菜の中で、塩鯛や串貝（鮑の干したもの）・大鮒などを使い、大いに工夫して接待した。布沢から吉尾峠を越えて、少し早めに野尻村についた巡見使一行の一二〇数人に、小昼食をお出しした。この小昼が何と、「奈良茶飯」だった。奈良茶飯は元来奈良の興福寺など寺で食されていたもので黒豆や大豆、小豆、栗などが入り、番茶やほうじ茶で炊いた御飯で江戸時代には江戸で大流行し、旅館や茶店で「奈良茶飯・豆腐汁・漬け物・煮豆」のセットメニューとして人気があった。このセットメニューが、驚くことに奥会津の野尻村で出されていたのである。

最先端の料理であったにもかかわらず、古松軒はことごとく会津領巡見に不満だったのである。

奈良茶飯

佐瀬与次右衛門の妻の実家「稲穂がみせる栄華の花」

目下、会津農書や貞享風俗帳から会津地方の江戸時代初期の年中行事や食生活がどのようなものだったか調査を進めているが、そんな中で、会津農書の著者である佐瀬与次右衛門末盛の妻が、大八郷村の肝煎千代家から嫁いでいる（長女）ことが分かった（千代家には巡見使の調査時に何度かお伺いさせていただいた）。

千代家といえば新編会津風土記に次のように述べられている。

高倉山（高さ五六間）の西南麓には周囲七間、高さ四尺の塚があり千代和泉守が千部のお経を納めた所である。和泉守は代々この村に住み多くの田地を耕す豪農でその収穫量はすぐ近くにある高倉山を覆うほどだった。さて、芦名盛氏が本郷羽黒山に城を築いた時、千代文右衛門は、お殿様に是非「栄華の華」をご覧いただきたくと田間に仮屋を設けて盛氏公をお招きした。盛氏公は「美しい花などどこにも咲いてないではないか」と問いたところ、稲穂の黄金が咲き誇る辺り一面を指さして「目の前の稲花こそが民の栄華の華でございます」。盛氏公は大層喜びし、和泉守に鞍馬を与え、登城することを許しました。

現在の千代家の当主は子供達に人気のある教育者で、若松市内の校長歴任者である。家は江戸時代と同じように肝煎の立派な門構えの家であり、その前には江戸時代の下野街道があり、途中耕地整理で途切れているが、目の前の見渡す限りの田には今でも秋になると黄金の華が咲き誇っている。幕の内の佐瀬家と大八郷の千代家はどちらも江戸時代以前から続く豪農肝煎だった。

与次右衛門の妻の実家　大八郷の千代家

磐梯山･飯豊山を眺めながらみる幕の内周辺

薄れいく会津の年中行事食（一）　七草かゆ

江戸時代から連綿と引き継がれ、稲作を中心とした一年間の年中行事食が時とともに、退化したり変化しているこの頃である。

七草かゆ行事は古代中国から伝来した行事の一つである。古代中国には三〇〇〇年も長生きをしている鳥がいて、その鳥が好む「せり、なづな、ごぎょう、はこべら、ほとけのざ、すずな、すずしろ」の野草と野菜で、この鳥が「唐土の鳥が日本の国に渡らぬ内に七草叩け」と言って、六日の夜に、すりこぎ棒や火箸を持って七草たたき歌をうたいながら、切り刻み、神棚にお供えし、翌朝にこれをおかゆに入れていただき、中国の鳥のように、無病息災で長生きが出来るように願う行事である。とはいえ、東北地方は十一月に芽吹いた野草を、雪に覆われて摘むことが出来ないため、すずな（蕪）すずしろ（大根）以外はそれぞれの家庭によって異なる五種類を入れて作られてきた。まさにこれらがそれぞれの地域を代表する郷土食の始まりと言えた。江戸時代の冬野菜は、大根、人参、牛蒡、里芋、葱、うち豆程度でそれに干した茄子、茎立、大根葉、あかざ、山菜の塩漬物や乾燥物であったので、これらを組み合わせて七種のかゆを作った。ちなみに、会津地方で多く作られてきた七草かゆは、大根、蕪、葱、干し柿、餅、山菜、干葉、うち豆などが入ったかゆだった。それなりに郷土の味が楽しめたものだったが、一〇年位前から、ハウスで栽培された芽吹いたばかりの七草が入った「七草パック」なるのもがマーケットに並び、今ではすっかり定着し、多くの家で用いている。本来の七草だから長生き間違いなしかもしれない。

しかし、餅や干し柿、わらびなどの入った七草かゆも、郷土食豊かで会津らしい七草かゆだった。

会津の七草かゆの材料

薄れいく会津の年中行事食（二）
節分のめざしとざくざく汁

令和三年（二〇二一）の節分は一二四年ぶりに二月二日となった。マーケットのめざしコーナーはどこへやら、ようやく片隅に少しだけ置き場所が確保されていた。惣菜コーナーは、大小さまざまな「恵方巻き」で埋め尽くされていた。もちろん新聞のどのチラシも「節分は恵方巻きに節分汁」の見出しで「めざしにざくざく汁」とは記されていない。会津では正月、彼岸、盆、刈り入れ、大晦日などさまざまな祝い事に食されてきたのが「ざくざく汁」である。煮干しやするめ・棒鱈・新巻でだしを取り、それぞれの季節の野菜が入った具だくさんの汁である（ちなみに節分汁とは大豆炒り豆の入った豚汁とか）。そして節分には、魚の中でも特に臭いめざしを焼き、鬼が入ってくることができないようにと豆がらや茄子がらにめざしを挿して鬼の進入を防いだ。

さて、「恵方巻き」とは、江戸時代から明治時代に大阪の商人が花街の芸子たちと、節分のお祝いをした時に、七福神にちなんで七種類の具を入れた寿司を、切らずに一気に一本を食べたことに由来し、当時は「丸かぶり寿司」とか「太巻き寿司」と言われた。平成元年（一九八九）、広島市のセブンイレブンが、「大阪では節分に太巻きを食べる」ことを知り、「恵方巻き」と命名したとか。昭和四十五年（一九七〇）には、明石のお寿司屋さんがダイエーのイベントで節分に「恵方巻き」を販売し、以後四〇年以上続けているという。平成十年（一九九八）には、イオンで販売促進をかけて全国一斉に節分の日に「イオンの恵方巻き」を販売したという。以後、一気に全国のマーケット等々に「恵方巻き」が販売されるようになり、今日に至っている。今では食べ方のマナーも確立し、太巻きを切らないで、食べる時は黙って、心で願いごとを唱えつつ、その年の恵方（令和三年は南南東）に向かって食べることとされている。

今後も、商法にかなった行事食は廃れることなく、そうでない行事食はどんどん行われなくなってしまうのだろうか。

柳津虚空蔵尊の思い出　108

土津神社に思うこと　111

三角美冬

柳津虚空藏尊の思い出

ことし令和三年（二〇二一）は辛丑《かのとうし》の年。年賀状にも厄除けに効のある赤べコの図柄が多く見られました。それを見て蘇ったのは、張子牛のモデルといわれる石のある柳津圓藏寺に初めて詣でた時の思い出です。喜多方で八歳まで過ごした私は、満五歳で虚空藏尊に幼児期を脱したお礼を述べ、無病息災を祈って赤べコの石を撫でたのでした。昭和二十九年（一九五四）初夏のことです。

とはいえ、仏様や石の記憶はほとんどありません。鮮やかに目に残るのは、鉄道駅を出て眺めた絶景です。只見川には吊り橋がかかり、崖の上には壮麗な御堂が

只見川に架かる橋と柳津温泉街

断崖の上に建つのが圓藏寺菊光堂

福満虚空藏尊を祀る菊光堂

そびえていました。五歳の記憶など後から捏造したものだと言う人も多いのですが、何よりも吊り橋が私の記憶を保証しています。その後まもなく鉄橋に架け替えられたと聞いていますから。

それから五十年を経て再び圓藏寺に参詣したのは、『ある会津藩士の戦後』（新人物往来社平成十五年〈二〇〇三〉刊）という拙著を出版した記念です。十八歳で戊辰戦争を経験した十倉綱紀《とくらつなのり》の生涯を紹介する書物ですが、彼は「高田下りの歌」とも「会藩国替《かいはんくにがえ》名《な》残歌《ごりうた》」とも呼ばれた長歌の作者として、仲間うちに少しは知られた存在でした。この長歌は、戊辰戦争に敗れて士籍（武士の身分）を剥奪され、謹慎地の越後高田へ赴く会津藩士の心情を綴ったものです。千五百余の人数には、もちろん作者も含まれていました。

塩川を出発し、越後街道を西進した彼らは、会津坂下から束松峠に至り、会津盆地に別れを告げます。「気多《けた》の宮より山路なる　左の空を眺むれば　遥かに柳津虚空藏尊　助け給へと手を合はせ……峠の茶屋にて見渡せば　涙の雨のほろほろと我が故郷も見えわかず」と長歌に詠われるとおりに。高田で刑死することさえ覚悟していた彼らも、虚空藏尊に無事を祈らずにはいられなかったのです。旧暦一月、雪中の圓藏寺はどんなたたずまいを見せていたのでしょうか。私はただ想像をめぐらすばかりです。

土津神社に思うこと

会津藩の始祖保科正之《ほしなまさゆき》を祀った土津《はにつ》神社のある猪苗代見禰山《みねやま》には、比類ない清浄の気が宿ると言われています。保科正之の名を全国に広めた中村彰彦氏は、著書『会津万葉集』（歴史春秋社　平成二十四年〈二〇一二〉刊）に、「筆者中村は真冬に雪の降り積んだ土津神社奥津城に何度も参拝したことがあるが、その周辺に屹立する樹木の高みからは、いつもうぐいすの鳴く声がすることに驚かされた。晴れた日には猪苗代湖の湖面が見えることもあり、江戸時代に会津大明神とも呼ばれた土津神社はやはり聖域なんだな、と思わせられる」と記されました。

保科正之肖像画（土津神社所蔵）

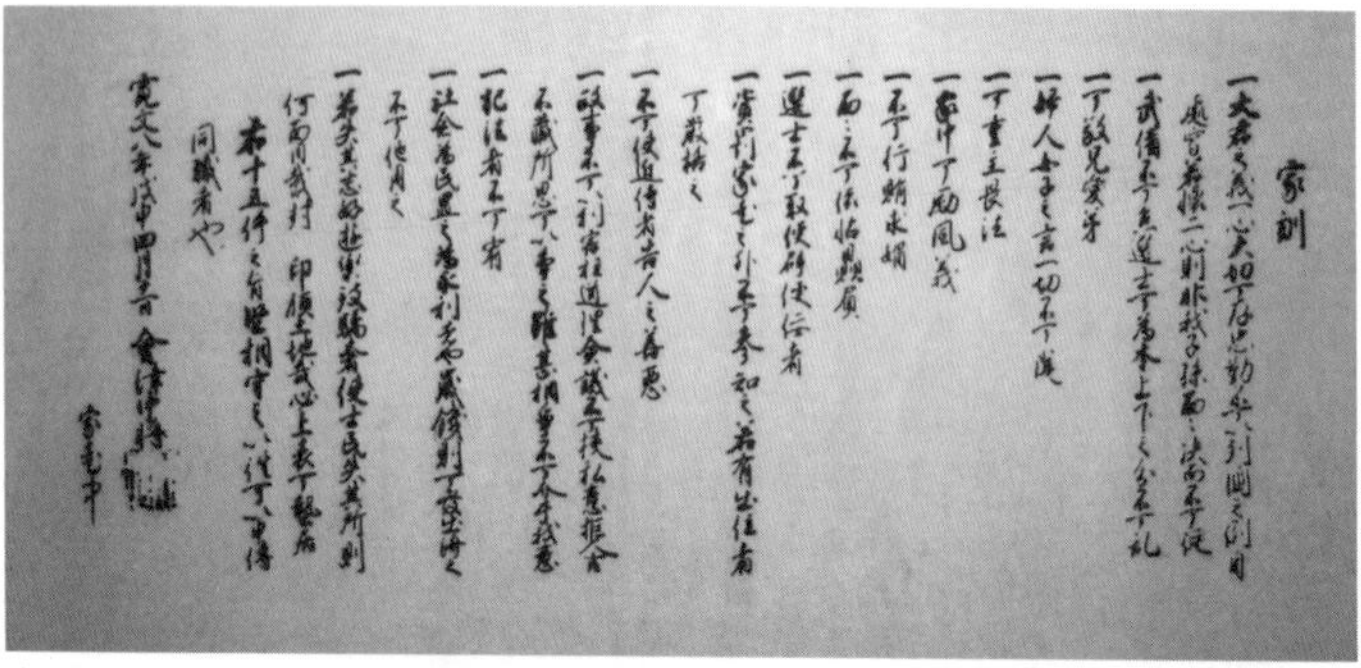
家訓

家訓十五条（会津若松市蔵）

土津神社

筆者三角は恥ずかしながら同書の共著者。中村氏のお勧めにもかかわらず土津神社に一度も参詣したことがないのには、ちょっとした理由があります。私の曽々祖父は会津藩の下級武士で、戊辰戦争で二人の息子を失ったにもかかわらず、単身斗南に移住する準備を進めていました。その矢先、「斗南では全藩士を養えない」と藩庁から説得され、無念の思いで会津残留を決めたと家伝の文書に記しています。子孫は貧窮の中で明治大正の世を生きましたが、戸主は年一度の土津神社詣でを欠かしませんでした。この儀式を廃したわが父は、「土津公（正之の尊称）が会津藩を間違った方向に導いたから、僕らまでひどい難儀をしたんだ。お参りなんかしなくてよろしい」とつねづね私に言っていたのです。

間違った方向とは、保科正之が定めた家訓十五条の根幹、「大樹公（徳川将軍）に尽くす忠義は他藩並みであってはならない」という条文をさすのでしょう。確かに、幕末の会津藩がたどった悲惨な運命は、この条文に端を発していました。何もかも土津公のせいにするのは筋違いと知りつつも、どの幕府にも統治しきれない時代は来るのだからもう少し柔軟な家訓を定められなかったか、という思いが私にもあります。土津公があれほど完璧な始祖でなかったら、と考えることもありますが、これこそ筋違いというものかもしれません。

渡部康人

銀山を巡る会津藩と高田藩の争い

寛永十七年（一六四〇）七月中旬、只見川で当時越後高田藩領の魚沼郡藪神荘湯之谷郷折立村（現新潟県魚沼市）の源蔵は、光る石を発見し、藩の役人に届けた。藩は光る石を鑑定し、その結果良質な銀鉱石であることが判明した。藩は、江戸幕府に採掘の許可を得て、この銀山を上田銀山と命名した。

この年の十一月、現地に赴いた現在の南会津郡只見町、南会津町山口、檜枝岐村の人々は、この銀山の場所は会津藩領に属すると高田藩に主張した。昔から境界は枝折峠とされており、現に、越後の人が只見川で鱒漁をした場合、その税金は会津側に納入されていることが理由であった。越後側は、鱒漁の税金は只見川の半分は会津領なので、その分を納めてきただけであると主張した。両藩の主張は平行線をたどり、江戸幕府に裁断を求めた（『田島町史』第1巻）。

その結果、正保三年（一六四六）江戸幕府は、上田銀山は高田藩に属すると決定した（『家世實紀』巻之七）。この背景には、当時の政治状況が関係すると考えられる。上田銀山が発見された当時、会津藩主の加藤明成は、重臣の堀主水と対立し会津藩内は混乱しており、第三代将軍・徳川家光は明成の統治能力を疑問視していた。

一方、高田藩は家康の六男・忠輝も藩主を務めた由緒ある藩である。当時は、家康のひ孫・松平光長が藩主を務めていた。このようなことが江戸幕府の裁断に影響したと考えられる。これにより、

上田銀山の坑口（新潟県魚沼市）

上田銀山で銀鉱石を砕いたとされる石臼
（新潟県魚沼市）

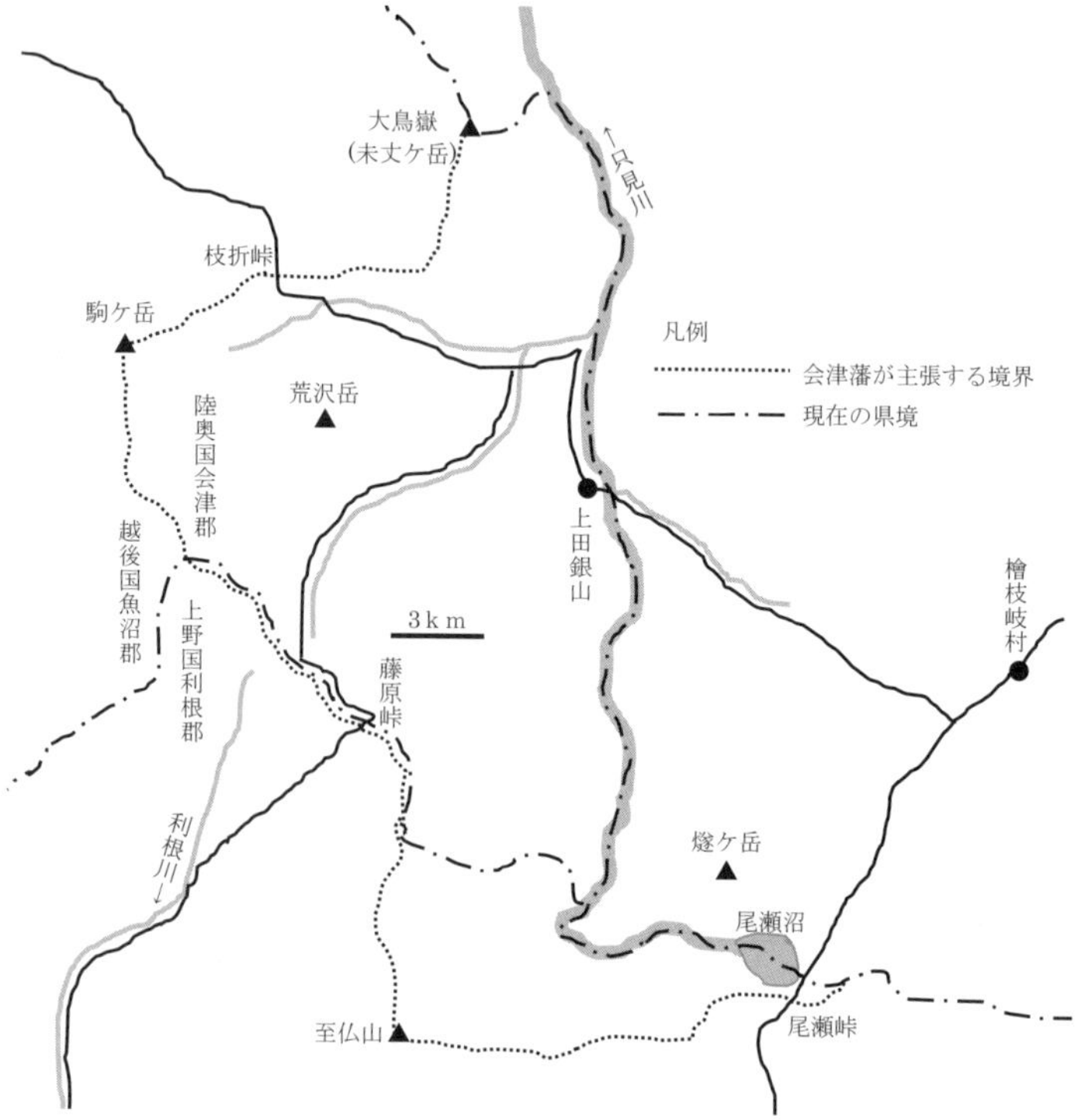

図１　会津藩が主張する陸奥国会津郡・越後国魚沼郡・上野国利根郡の境界図

会津は約三万ヘクタールを失うことになった（図1参照）。

会津藩が編さんし、文化六年（一八〇九）に完成した地誌『新編会津風土記』巻之二十五には、失われた約三万ヘクタールは会津に属すると力説しているので要約して紹介する。

そこには、正保三年江戸幕府の裁断により、大鳥嶽（未丈ケ岳）から南は、只見川・尾瀬沼の中心が境界になった。しかし古来から、会津と越後国魚沼郡（現新潟県魚沼市）・上野国利根郡（現群馬県利根郡片品村）の境界は、北から枝折峠・藤原峠・至仏山・尾瀬峠（三平峠）であると記されている（図1）。つまり、大鳥嶽から南は只見川に注ぐ分水嶺が古来からの境界であると記している。現在の県境も、江戸時代の裁断と同じになっている。

南山御蔵入領の成り立ち

　南山御蔵入領は、どんな領地なのだろうか。江戸時代の領地は主に、江戸幕府の直轄地である御蔵入領と、大名が領主を務める藩領がほとんどを占めていた（一部寺領も存在）。

　会津地方南部と栃木県日光市三依地域は、御蔵入領で南山御蔵入領と呼ばれた（図2参照）。会津盆地から見て南部の山岳地帯なので南山という地域名が付いたのであろう。御蔵入領は、明治時代になって「天領」とも称せられる。

　ここから徴収される年貢はすべて江戸幕府に納入された。納入された年貢は、江戸幕府の巨大組

赤沢川（大沼郡会津美里町高田地域）
『新編会津風土記』によれば、赤沢川が南山御蔵入領と会津藩領との境界とある。赤沢川左岸が南山御蔵入領、右岸が会津藩領である。

会津盆地から見た南部の山岳地帯

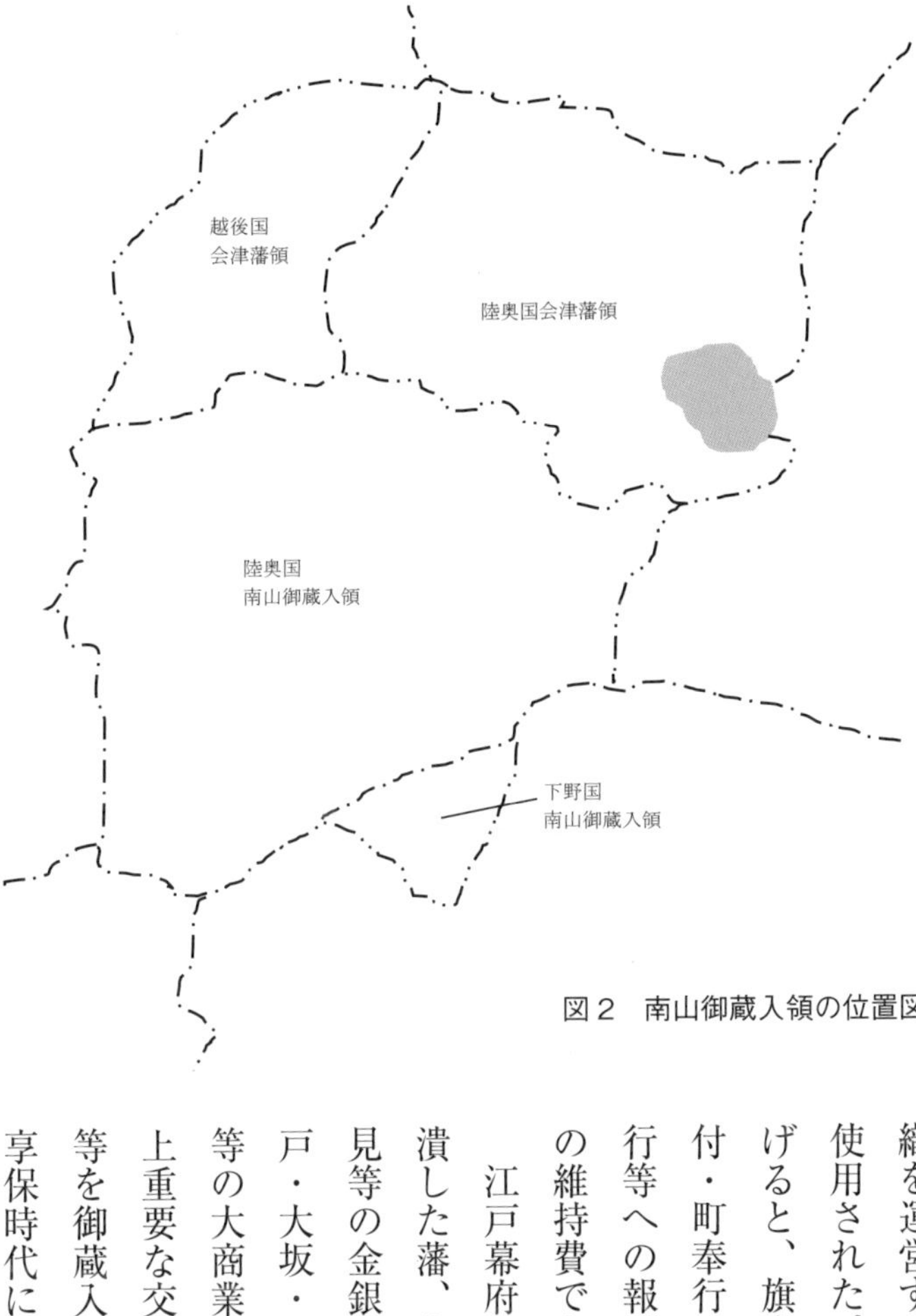

図２　南山御蔵入領の位置図

織を運営するために使用された。例を挙げると、旗本・大目付・町奉行・勘定奉行等への報酬や大奥の維持費である。

江戸幕府は、取り潰した藩、佐渡・石見等の金銀鉱山、江戸・大坂・京・長崎等の大商業地、軍事上重要な交通の要衝等を御蔵入領にした。享保時代には、御蔵入領が七五〇万石（旗本の知行地を含む）、藩領が二二五〇万石で、全石高の四分の一が御蔵入領である。福島県内では、伊達郡桑折町周辺や東白川郡塙町周辺に御蔵入領が存在した。

南山御蔵入領は、寛永二十年（一六四三）七月に成立した。南山地方が御蔵入領になった理由について、同時代史料が存在しないが、一説が会津藩の正史『家世《かせい》實紀《じっき》』*の寛永二十年七月四日付に書かれている。

そこには、徳川家光が当時の会津藩主・加藤明成から全領地を取り上げ、異母兄弟の山形藩主・保科正之に会津二三万石を与えた際、会津南部の五万石も与えてしまうと、諸大名の上に位する御三家の水戸藩に勢力が匹敵して失礼にあたると考え、御蔵入領にしたと記されている。

＊『家世實紀』は、若くして第七代藩主になった松平容衆《かたひろ》の教育書として編さんされた。寛永八年（一六三一）から文化三年（一八〇六）まで、主に会津藩や南山御蔵入領の政治、財政状況、犯罪、災害等が記されている。全二七七巻から成る。

南山御蔵入領と会津藩

寛永二十年（一六四三）に成立した南山御蔵入領は、どのように支配されていたのであろうか。御蔵入領の支配の方法は、一般的に、江戸

田島陣屋跡の碑（南会津郡南会津町田島）
南山御蔵入を代行統治していた。会津藩は寛政２年（1790）現在の南会津町役場本庁のあたりに陣屋を建設した。

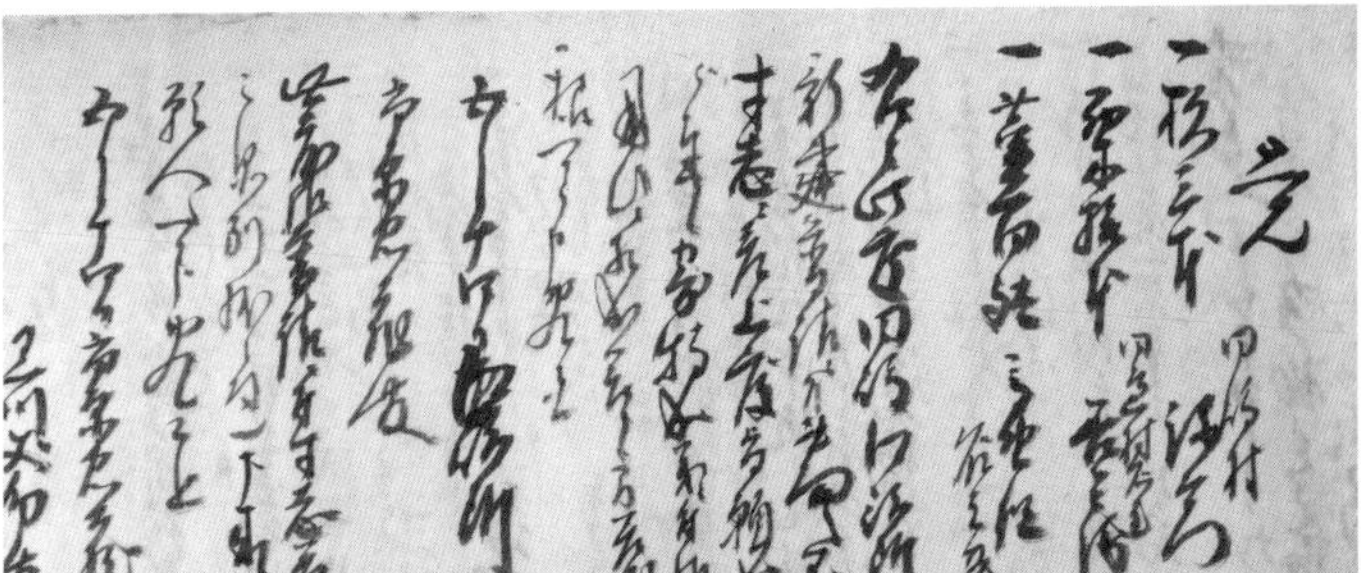
覚

「覚」 寛政２年『御用留書帳』所収（奥会津博物館所蔵）
田島郷役所（後に田島陣屋に改称）新築に際し、民衆が杉三本、栗拾本、萱百駄を寄附したと記されている。

表1　南山御蔵入領支配の変遷表

支配の種類	期　間	年数	主な責任者
第1回会津藩預り支配	寛永20年（1643）～ 元禄元年（1688）	45	諏訪十左衛門 関藤右衛門
第1回江戸幕府直支配	元禄元年（1688）～ 宝永2年（1705）	17	竹村惣左衛門 依田五兵衛
第2回会津藩預り支配	宝永2年（1705）～ 正徳3年（1713）	8	木本弥惣右衛門
第2回江戸幕府直支配	正徳3年（1713）～ 享保7年（1722）	9	中川吉左衛門 山田八郎兵衛
第3回会津藩預り支配	享保7年（1722）～ 宝暦5年（1755）	33	臼木覚左衛門 井沢小隼人
第3回江戸幕府直支配	宝暦5年（1755）～ 宝暦13年（1763）	8	江川太郎左衛門 山本平八郎
第4回会津藩預り支配	宝暦13年（1763）～ 天保8年（1837）	74	神尾大内蔵 小山田伝四郎
第4回江戸幕府直支配	天保8年（1837）～ 弘化4年（1847）	10	平岡文次郎 小笠原信助
第5回会津藩預り支配	弘化4年（1847）～ 文久3年（1863）	16	小田切三之丞 樋口源治
南山御役知	文久3年（1863）～ 慶応4年（1868）	5	

※直支配の時、その責任者を「代官」、預り支配の時は「郡奉行」や「郡代」と称した。

幕府から代官が派遣されて直接支配する「直支配《じきしはい》」と、大名に支配を代行させる「預《あずか》り支配《しはい》」の二種類がある。表1のとおり、南山御蔵入領の場合、「直支配」が四四年間（二割）、会津藩による「預り支配」が一七六年間（八割）である。文久三年（一八六三）からは、南山御役知《みなみやまおんやくち》となる。これについては、別章に記す。

このように、江戸幕府は、会津藩に南山御蔵入領支配を長期にわたり代行させていた。江戸幕府は、会津藩に対し何らかの恩恵を与えていたのであろうか。その恩恵の一つと考えられるのが、南山御蔵入領から産出される会津漆器の木地を年貢の対象から除外していることである（東北地方木地師学研究会代表の金井晃氏の調査）。この措置により、会津漆器業者は安く木地を入手することができ、会津藩の専売品である会津漆器の生産コストを抑えることが出来たと考えられ、その結果、会津藩に入る利潤も増えるということになる。

南山御蔵入領の年貢制度

　年貢はその年に生産された米や畑作物、鱒や鮭等の産物に対し賦課され、領主に納める税である。藩領は藩主に、御蔵入領は江戸幕府に納める。年貢は年一回村単位で賦課された。村の責任者は、耕作権を有する家の耕作面積に応じて年貢を割り振る。年貢には、米等で納める物納と、お金で納める金納があり、米の生産力が極めて低い村に対しては、すべてお金で納めさせた。南山御蔵入領の年貢率は、江戸幕府の財政状況と密接に関連する。江戸幕府の財政が豊かだった第三代将軍・徳川家光の頃は、約三〇パーセント台で推移した。しかし、その後江戸の大半を消失した明暦の大火（明暦三年・一六五七）、佐渡の金銀鉱山の産出量激減により、江戸幕府の財政がひっ迫すると、しだいに年貢率が上がり、第八代将軍・吉宗の頃には、約五〇パーセント代に上昇する。

　南山御蔵入領は幾重にも山々が連なる高冷地であり、国内有数の豪雪地帯である。

面積は鳥取県に匹敵する約三三万ヘクタールだが、田の面積はわずか約二〇三一ヘクタールで、域内面積の〇・〇六パーセントにすぎない。米の生産高は約二万五六〇〇石、人口は約五万五〇〇〇人である（貞享三年・一六八六「御蔵入覚書」）。諸

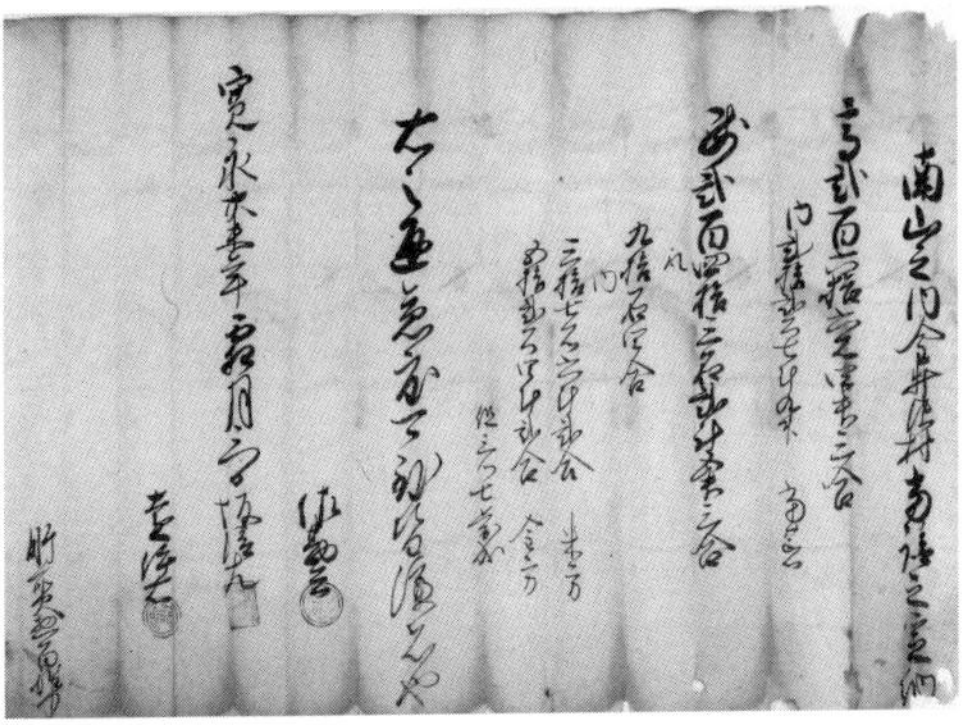

寛永20年（1643）「南山之内金井沢村当請之定納」
（奥会津博物館所蔵）
南山御蔵入領が成立した年の年貢の賦課状。年貢率は37％である。江戸幕府の財政がひっ迫すると、年貢率も上昇した。

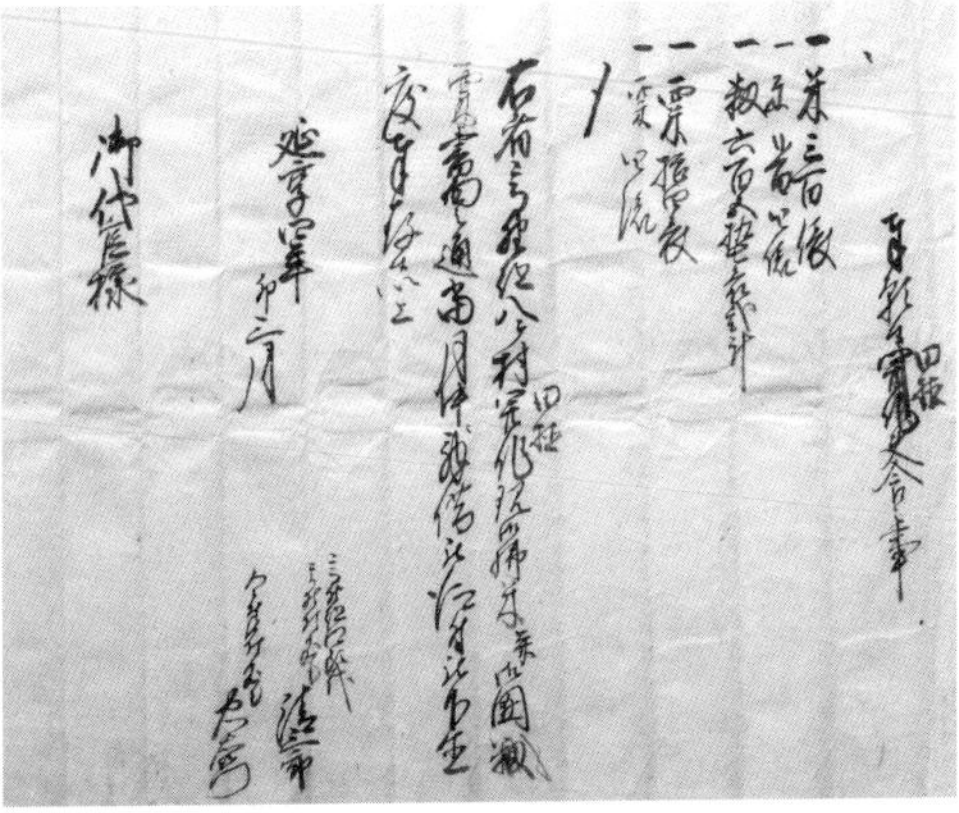

延享４年（1747）３月「奉願候田植夫食之事」
（奥会津博物館所蔵）
南山御蔵入領高野組（現南会津郡南会津町桧沢地区）では、食料米として300俵の拝借を願い出ている。

説あるが、当時の一人当たりの米の消費量（一石＝一五〇キログラム）の半分にも満たない生産量である。

江戸幕府は、このような自然環境、米の生産力の低さ、江戸までの距離を考慮し、南山御蔵入領には「三夫食《さんぶじき》」と称される制度を導入した。「三夫食」は南山御蔵入領から徴収された年貢米を、浅草の江戸幕府の米貯蔵庫に運ばないで、地域の米貯蔵庫に備蓄し、農作業が始まる四月、田植えが始まる五月、そして年末の十二月の年三回食料米として百姓に貸し与えた制度である。これによって、年三回は米を食することが出来た。米を借りた百姓は、出稼ぎ（茅屋根葺）や麻等の産物を売って稼いだお金で返済した。したがって、南山御蔵入領の年貢はすべてお金で江戸幕府に納入された。

南山御蔵入騒動は、なぜ起こったのか

正徳五年（一七一五）、江戸幕府から南山御蔵入領に新しい代官・山田八郎兵衛重厚が着任した。山田代官が着任する十数年前、江戸幕府は浅草にある米貯蔵庫まで、年貢米（二五〇〇俵）を運ばせる「江戸廻米」を、南山御蔵入領にも命じた。山田代官は、享保四年（一七一九）一月、江戸幕府で御蔵入領を管轄する勘定奉行に対し、南山御蔵入領からの江戸廻米の廃止を求める意見書（『会津史談会誌』第三十一号所収）を提出した。要約して紹介する。

①南山御蔵入領の年貢米は、古来から百姓の食料米として貸し与え、江戸廻米を命じてこなかった。

②廻米は三月中から始まり、一頭の馬の背中に米二俵を付けて運ぶ。残雪のため馬が通れない場所は、人が米を背負って運ぶため、一日に一〇キロメートルも進めないこともある。阿久津河岸（鬼怒川にあった川の港、現栃木県さくら

旧阿久津河岸の様子（栃木県さくら市氏家上阿久津）
南山御蔵入領からの江戸廻米は、鬼怒川の阿久津河岸までは陸送。ここらは舟で江戸浅草の御蔵まで運ばれた。

「南山義民碑」（南会津郡南会津町田島丸山公園）
南山御蔵入領の民衆の暮らしを守るため、命をかえりみず直訴した人達を顕彰している。

市）までの約一四四キロメートルを全部運ぶのに四〇日ほどかかる。それからは舟で運んだ。また、輸送中、米がかびたり、濡れたりした場合、百姓の責任で取り換えなければならない。この米は約一〇〇俵にもなる。

③このように、廻米は百姓に過重な負担をかけるので廃止し、むしろ、少し高い値段で年貢米を貸し与えた方が、百姓も喜ぶし、江戸幕府にとってもメリットになるのではないだろうか。

しかし、江戸幕府は、南山御蔵領の「江戸廻米」を廃止しなかったため、翌年百姓たちが幕府に直訴を行う（南山御蔵入騒動）百姓一揆が起こった。訴えた百姓たちは、江戸幕府の政治を批判した罪で六名が処刑され、多くの百姓が家財没収等の罰を受けた。ただ、江戸幕府は、この後南山御蔵入領からの廻米を廃止した。山田代官の意見書を踏まえ、江戸幕府が南山御蔵入領からの廻米を廃止していれば、「南山御蔵入騒動」は起こらなかった可能性がある。

歌舞伎や小説では、領民をいじめる悪代官として描かれている山田代官であるが、実像は領民思いの優れた代官であったようだ。

江戸幕府が会津藩に南山御蔵入領を代行統治させた理由は

江戸幕府は、会津藩に南山御蔵入領の代行統治を計五回、一七六年間任せていた。江戸幕府は、どうして直接統治しないで会津藩に任せていたのであろうか。その一因と考えられることが『家世實紀』の巻之二六一、寛政十二年（一八〇〇）十一月十六日付に書かれているので、要約して紹介する。

①会津藩は、享保七年（一七二二）から寛保元年（一七四一）までの二一年間に、年貢金を払うことが出来ない南山御蔵入領の村々に約八〇〇〇両貸し付けたが、困窮して返済出来ないので債権を放棄した。

②会津藩は、寛保二年（一七四二）から宝暦五年（一七五五）までの、南山御蔵入領の年貢未納金約七〇〇〇両を立て替え江戸幕府に納入した。

③会津藩は、宝暦十三年（一七六三）第四回目の預り支配を任せられるとき、第

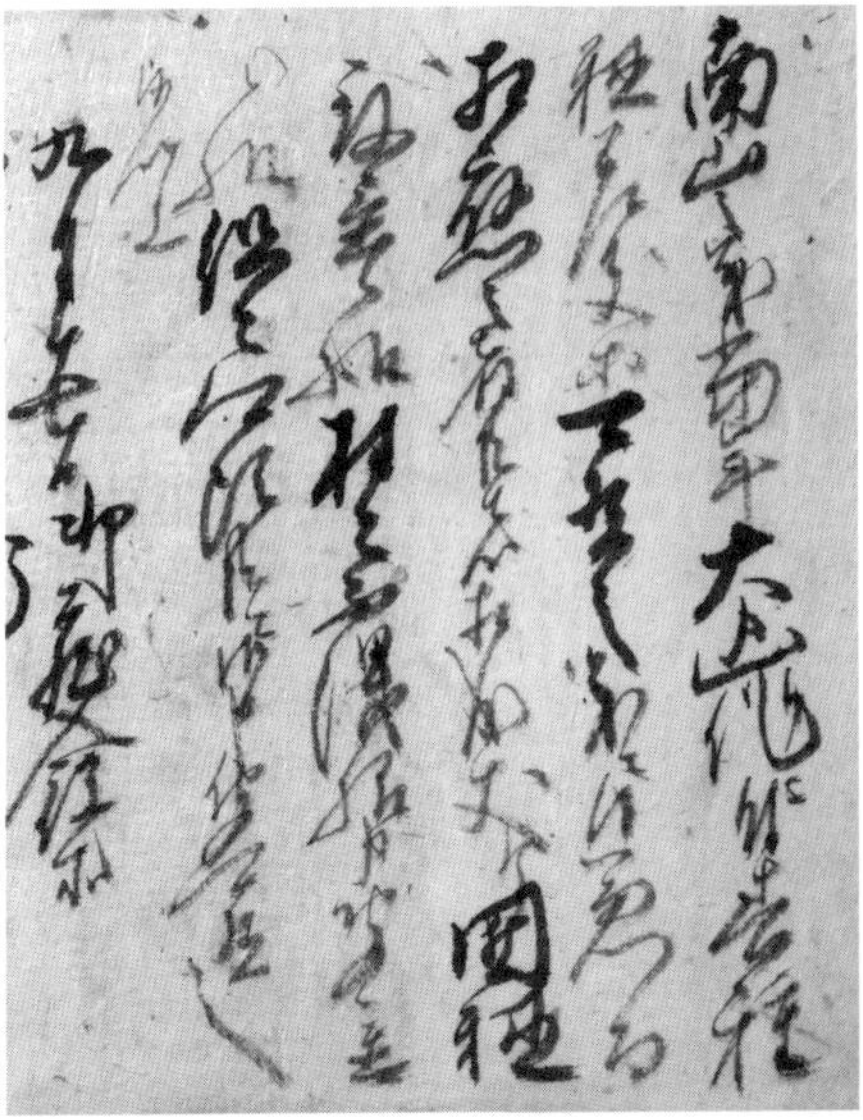

天明３年（1783）『御用留書帳』（奥会津博物館所蔵）この年、南山御蔵入領は大凶作に見舞われた。代行統治する会津藩は、南山御蔵入領の人々に対し、来年の種籾まで食料にしないようにと、達している。

天明３年（1783）『御用留書帳』（奥会津博物館所蔵）会津藩は、大凶作の南山御蔵入領の住民を救うため、食料米を会津藩領から運んでいる。

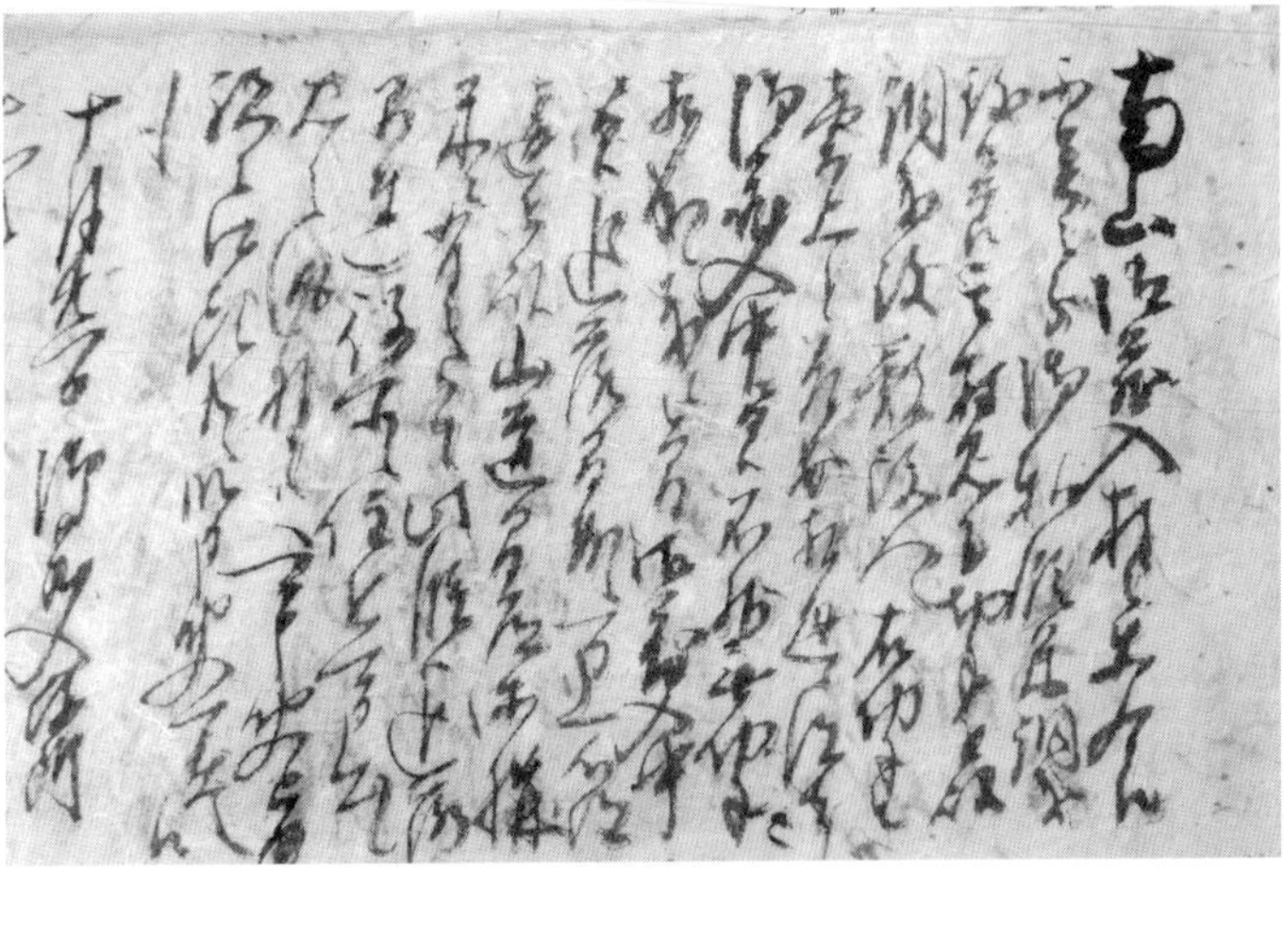

三回江戸幕府直支配の宝暦五年から宝暦十三年までの南山御蔵入領の年貢未納金約六九〇〇両を立て替え、江戸幕府に納入した。会津藩は財政がひっ迫していたので、利子付きのお金を借りて立て替えた。

④会津藩は、天明三年（一七八三）から天明五年（一七八五）にかけて東北地方を襲った「天明の飢饉」により疲弊し、支払うことが出来なくなった。天明五年分の南山御蔵入領の年貢未納金約五九〇〇両を、二〇年賦で毎年二九五両ずつ江戸幕府に納入した。

このように、会津藩は幾次にもわたり、南山御蔵入領の未納年貢金を立て替えている。江戸幕府は、南山御蔵入領の年貢未納金を会津藩に立て替えさせるため、預り支配をさせていたのではないだろうか。

南山御蔵入領の物流を担った伝馬と中付駑者

南山御蔵入領では、二種類の輸送方法が並存した。その一つは、宿駅が定められていた街道において、宿駅ごとに荷物を中継しながら運ぶ輸送方法である。この方法は、伝馬《てんま》と呼ばれている。南山御蔵入領の大動脈である下野街道（会津若松と今市を結ぶ）には一七の宿駅が設置されていた。例えば、会津若松から今市に伝馬で荷物を輸送する場合、一五回も中継が必要で、かなり迅速性に欠けていた。

もう一つは、中付駑者《なかづけどじゃ》である。中付駑者は、長野県木曽地方の「中馬《ちゅうま》」と同じく荷物の中継をしないで、目的地まで輸送する方法である。中付駑者の起源については不明であるが、年貢金を稼ぐ手段として発生したと考えられる。先にも記したが、南山御蔵入領は、高冷地のため米の生産力が低く、年貢はお金で納める村が多かった。

百姓は、麻・カラムシ・タバコ等を売ったり、冬期間、関東地方に茅屋根葺職人

馬宿の看板（奥会津博物館所蔵）
馬宿は、中付駑者と馬が共に宿泊する宿である。写真の馬宿は、会津若松市に所在した。

荷鞍（奥会津博物館所蔵）
中付駑者が使用したと伝わる荷鞍。

として出稼ぎに行って年貢金を稼いでいた。

年貢金が不足すれば、自分の農耕馬の背中に、雑穀・栗・小羽板（クリやクロべを薄く割ってつくる屋根葺の材料）等を付けて、会津若松や今市に行って売っていた。このように、当初は年貢金を稼ぐために、自分の荷物を運んでいたのであるが、しだいに他人の荷物を運ぶ運送業者になっていく。

慶安元年（一六四八）の史料には、大内宿で問屋場（宿場で荷物の中継をする所）を経営する三右衛門は、宿駅で扱う荷物が、中付駑者に流れているので困ったと語っている（『中付駑者の習俗』）。伝馬で荷物を輸送する際、宿駅では庭銭（荷物の保管料）を運送料のほかに徴収していた。庭銭は問屋場の収入であり、宿駅の

糸沢宿（現南会津郡南会津町糸沢）の問屋場
下野街道を通る荷物の中継が行われた。

今泉の馬宿
中付駑者と宿駅に常備されていた伝馬は、荷物を巡って対立関係にあったことから、馬宿は、宿駅と宿駅の間の集落（間宿《あいのしゅく》）に社会的インフラとして設置されていた。間宿・今泉は、下野街道川島宿（現南会津郡南会津町川島）と糸沢宿の間にあった。今泉の馬宿は、享和元年（1801）に建築された。現在は奥会津博物館に移築されている（国指定重要民俗文化財）。

人件費や道路、橋の維持経費に充てられていた。一方、中付駑者は、宿駅で荷物を中継しないため、この庭銭を払わないですんでいた。このため、大内宿の三右衛門は、中付駑者の台頭に危機感をもったのであろうが、商人たちには、迅速に安く荷物を輸送出来る中付駑者が支持され、多くの荷物を輸送するようになる。そのため、宿駅の伝馬と中付駑者との間では、たびたび荷物を巡って争いが起きてきた。そのたびに江戸幕府は仲裁し、物流を担わせてきた。南山御蔵入領には、細井家など多くの豪商が活躍した。その背景には、二種類の輸送方法により、多くの荷物を江戸等の大消費地に輸送出来たことが理由の一つと考えられる。

会津藩主・松平容保の京都守護職就任に伴い南山御蔵入領は、南山御役知になる

文久二年（一八六二）閏八月一日会津藩主・松平容保は京都守護職に就任した。京都守護職は、幕末の京都の治安を守るために設置された役職である。この人事の背景が福井藩主・松平慶永の著書『逸事史補』の「会津の京都守護職となりたる次第」に記されているので現代文に訳して紹介する。

そこには、「松平肥後守が京都守護職を命ぜられたのは、かなり意味深長の事である。京都守護職を設置するようになったのは、慶喜と板倉周防守・水野和泉守とが相談したことに始まる。余もいささか関係した。今、諸藩は京都へ群集している。その中でも薩摩、長州の武士が多く集まっている。公卿は諸藩の力を借り、江戸幕府討幕へ動いている。京都所司代や京都町奉行等の力で、これらの動きを抑えることは出来ない。幕府の威厳は日々失われていっている。幕府は、京都守護職を設置

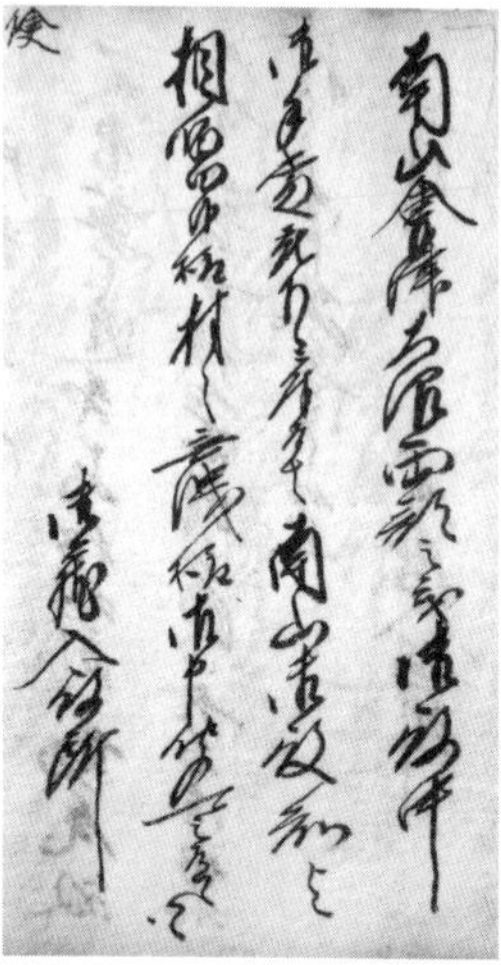

南山会津大沼両郡之義、御役中
御手当被下候ニ付テハ、南山御役知と
相唱候様、村々無洩様御申聞可之有候、以上
御蔵入役所

文久４年（元治元年・1864）『御用留書帳』（奥会津博物館所蔵）
南山御蔵入領を南山御役知と唱えよという触状

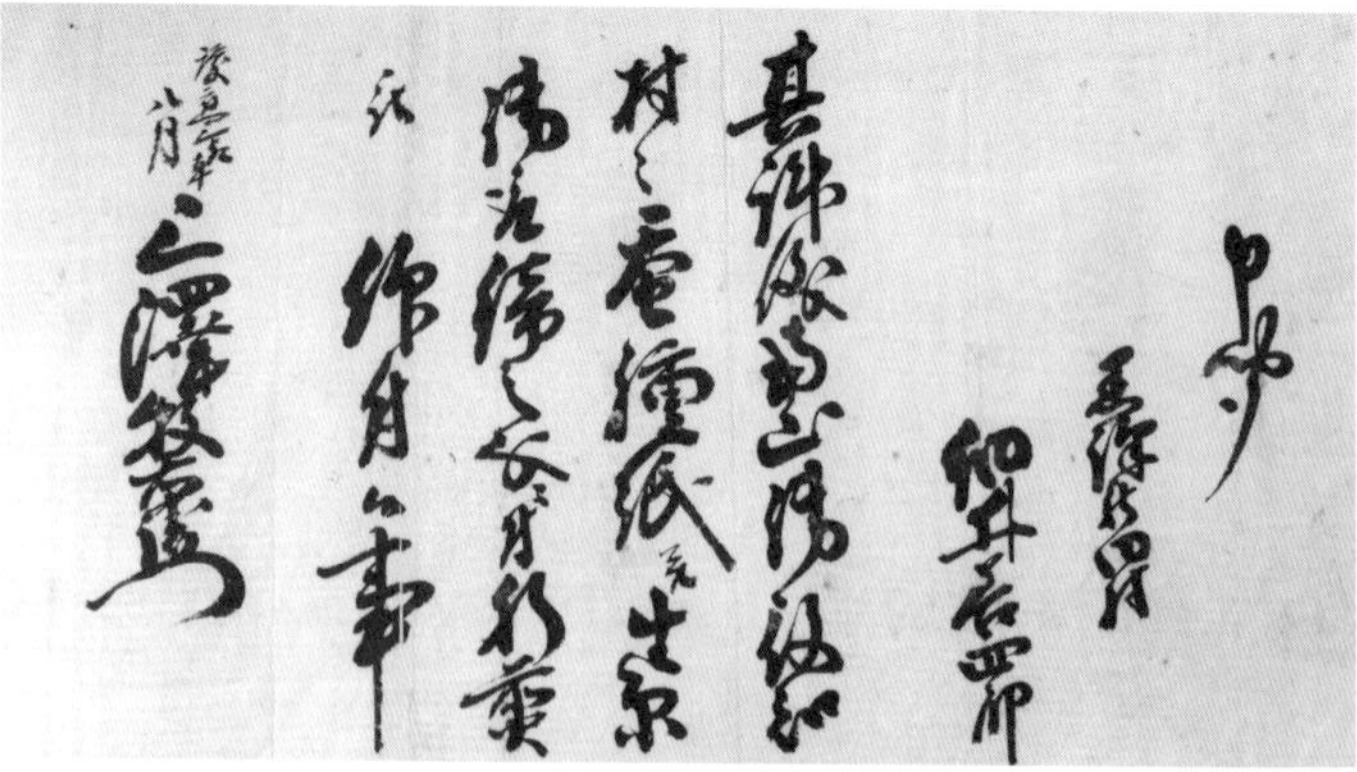

慶応３年（1867）「申聞」（奥会津博物館所蔵）
黒沢新田村（現南会津郡南会津町静川）の細井善四郎に対し、「南山御役知」村々の蚕種紙と生糸取締の責任者に任ずると記されている。この史料により、南山御蔵入領の呼称は、「南山御役知」になったことを知ることが出来る。

し、京都所司代の頭に据えた。会津は大身であり、兵力もある。公家及び諸藩を圧倒するには、会津でなくては、とても持ちこたえることは出来ないと朝廷の考えである」と記されている。

会津藩は、京都で治安維持を遂行するにあたり、莫大な費用が必要になった。そのため、江戸幕府は財政支援の一環として、文久三年（一八六三）十月以降、南山御蔵入領の年貢金約一万両を幕府ではなく、会津藩に納入させるようにした。

この措置によって、二〇〇年以上続いた南山御蔵入領は、南山御役知と呼ばれるようになった。

申聞
黒沢新田村
細井善四郎
其許儀、南山御役知
村々蚕種紙并生糸
御取締之義ニ付、肝煎
被　仰付候事、
慶応三卯年
八月　三沢牧右衛門

【著者紹介】

池月　映——1948年福島県喜多方市生まれ、郡山市在住。会津史学会会員、日本武道学会会員。『合気の発見』は北東文芸協会奨励賞、『合気の武田惣角』は日本点字図書館のＣＤ化（県内偉人小説３人目）。武田惣角研究家として４作品。

笹川　壽夫——1933年会津美里町生まれ、美里町在住。会津史学会理事、会津高田郷土史研究会会長。主な著書に『会津やきもの紀行』『わたしの会津古寺巡礼』『会津の文人たち』『会津こぼれ話』などがある。

冨田　國衛——1944年喜多方市生まれ、喜多方市在住。印刷業。新聞折込「ほっとねっと」紙発行。

長尾　修——1948年生まれ、会津若松市在住。Archaeologist&Historian 日本考古学協会会員。主な著書、『会津の美１－考古編－』『柳津町』－「原始時代の柳津」(共に歴史春秋株式会社)他、発掘調査報告書・市町村史等共著出版多数。会津大学短期大学部社会福祉学科元非常勤講師、現幼児教育科特別講義講師。

平出美穂子——1946年生まれ、会津若松市在住。食文化研究家・管理栄養士。元郡山女子大学食物栄養学科准教授・現会津史学会副会長。『中通りの年中行事と食べ物』で第24回福島民報出版文化賞受賞、『会津藩の食文化』で第28回地方出版文化功労賞奨励賞受賞。

三角　美冬——1949年喜多方市生まれ、さいたま市在住。著書に『ある会津藩士の「戦後」』（新人物往来社）、『会津万葉集』（歴史春秋社）等。

渡部　康人——1960年生まれ、南会津郡南会津町在住。奥会津博物館文化財専門員。主な著作『会津歌舞伎史』『細井家の300年』『中世の奥会津』。

会津雑学〔Ⅱ〕
～歴史の流れにこぼれた話～

2021年8月12日　第1刷発行

発行者――阿　部　隆　一

発行所――歴史春秋出版株式会社
郵便番号 965-0842
福島県会津若松市門田町中野大道東8-1
電話 0242（26）6567
FAX 0242（27）8110
http://www.rekishun.jp
e-mail　rekishun@knpgateway.co.jp

印刷所――北日本印刷株式会社